中国古代贸易

石雨祺　编著

中国商业出版社

图书在版编目（CIP）数据

中国古代贸易／石雨祺编著． -- 北京：中国商业出版社，2015.5（2022.7重印）
ISBN 978-7-5044-8545-8

Ⅰ．①中… Ⅱ．①石… Ⅲ．①贸易史-中国-古代 Ⅳ．①F729.2

中国版本图书馆 CIP 数据核字（2015）第 117129 号

责任编辑：唐伟荣

中国商业出版社出版发行
010-63180647　www.c-cbook.com
（100053 北京广安门内报国寺 1 号）
新华书店经销
三河市吉祥印务有限公司印刷
*
710 毫米×1000 毫米　16 开　12.5 印张　200 千字
2015 年 5 月第 1 版　2022 年 7 月第 2 次印刷
定价：25.00 元
* * * *
（如有印装质量问题可更换）

《中国传统民俗文化》编委会

主　编　傅璇琮　著名学者，国务院古籍整理出版规划小组原秘书长，清华大学古典文献研究中心主任，中华书局原总编辑

顾　问　蔡尚思　历史学家，中国思想史研究专家
　　　　卢燕新　南开大学文学院教授
　　　　于　娇　泰国辅仁大学教育学博士
　　　　张骁飞　郑州师范学院文学院副教授
　　　　鞠　岩　中国海洋大学新闻与传播学院副教授，中国传统文化研究中心副主任
　　　　王永波　四川省社会科学院文学研究所研究员
　　　　叶　舟　清华大学、北京大学特聘教授
　　　　于春芳　北京第二外国语学院副教授
　　　　杨玲玲　西班牙文化大学文化与教育学博士
编　委　陈鑫海　首都师范大学中文系博士
　　　　李　敏　北京语言大学古汉语古代文学博士
　　　　韩　霞　山东教育基金会理事，作家
　　　　陈　娇　山东大学哲学系讲师
　　　　吴军辉　河北大学历史系讲师
策划及副主编　　王　俊

序 言

  中国是举世闻名的文明古国，在漫长的历史发展过程中，勤劳智慧的中国人创造了丰富多彩、绚丽多姿的文化。这些经过锤炼和沉淀的古代传统文化，凝聚着华夏各族人民的性格、精神和智慧，是中华民族相互认同的标志和纽带，在人类文化的百花园中摇曳生姿，展现着自己独特的风采，对人类文化的多样性发展做出了巨大贡献。中国传统民俗文化内容广博，风格独特，深深地吸引着世界人民的眼光。

  正因如此，我们必须按照中央的要求，加强文化建设。2006年5月，时任浙江省委书记的习近平同志就已提出："文化通过传承为社会进步发挥基础作用，文化会促进或制约经济乃至整个社会的发展。"又说，"文化的力量最终可以转化为物质的力量，文化的软实力最终可以转化为经济的硬实力。"(《浙江文化研究工程成果文库总序》)2013年他去山东考察时，再次强调：中华民族伟大复兴，需要以中华文化发展繁荣为条件。

  正因如此，我们应该对中华民族文化进行广阔、全面的检视。我们应该唤醒我们民族的集体记忆，复兴我们民族的伟大精神，发展和繁荣中华民族的优秀文化，为我们民族在强国之路上阔步前行创设先决条件。实现民族文化的复兴，必须传承中华文化的优秀传统。现代的中国人，特别是年轻人，对传统文化十分感兴趣，蕴含感情。但当下也有人对具体典籍、历史事实不甚了解。比如，中国是书法大国，谈起书法，有些人或许只知道些书法大家如王羲之、柳公权等的名字，知道《兰亭集序》

是千古书法珍品,仅此而已。

再如,我们都知道中国是闻名于世的瓷器大国,中国的瓷器令西方人叹为观止,中国也因此获得了"瓷器之国"(英语 china 的另一义即为瓷器)的美誉。然而关于瓷器的由来、形制的演变、纹饰的演化、烧制等瓷器文化的内涵,就知之甚少了。中国还是武术大国,然而国人的武术知识,或许更多来源于一部部精彩的武侠影视作品,对于真正的武术文化,我们也难以窥其堂奥。我国还是崇尚玉文化的国度,我们的祖先发现了这种"温润而有光泽的美石",并赋予了这种冰冷的自然物鲜活的生命力和文化性格,如"君子当温润如玉",女子应"冰清玉洁""守身如玉";"玉有五德",即"仁""义""智""勇""洁";等等。今天,熟悉这些玉文化内涵的国人也为数不多了。

也许正有鉴于此,有忧于此,近年来,已有不少有志之士开始了复兴中国传统文化的努力之路,读经热开始风靡海峡两岸,不少孩童以至成人开始重拾经典,在故纸旧书中品味古人的智慧,发现古文化历久弥新的魅力。电视讲坛里一拨又一拨对古文化的讲述,也吸引着数以万计的人,重新审视古文化的价值。现在放在读者面前的这套"中国传统民俗文化"丛书,也是这一努力的又一体现。我们现在确实应注重研究成果的学术价值和应用价值,充分发挥其认识世界、传承文化、创新理论、资政育人的重要作用。

中国的传统文化内容博大,体系庞杂,该如何下手,如何呈现?这套丛书处理得可谓系统性强,别具匠心。编者分别按物质文化、制度文化、精神文化等方面来分门别类地进行组织编写,例如,在物质文化的层面,就有纺织与印染、中国古代酒具、中国古代农具、中国古代青铜器、中国古代钱币、中国古代木雕、中国古代建筑、中国古代砖瓦、中国古代玉器、中国古代陶器、中国古代漆器、中国古代桥梁等;在精神文化的层面,就有中国古代书法、中国古代绘画、中国古代音乐、中国古代艺术、中国古代篆刻、中国古代家训、中国古代戏曲、中国古代版画等;在制度文化的层面,就有中国古代科举、中国古代官制、中国古代教育、中国古代军队、中国古代法律等。

此外,在历史的发展长河中,中国各行各业还涌现出一大批杰出人物,至今闪耀着夺目的光辉,以启迪后人,示范来者。对此,这套丛书也给予了应有的重视,中国古代名将、中国古代名相、中国古代名帝、中国古代文人、中国古代高僧等,就是这方面的体现。

生活在21世纪的我们,或许对古人的生活颇感兴趣,他们的吃穿住用如何,如何过节,如何安排婚丧嫁娶,如何交通出行,孩子如何玩耍等,这些饶有兴趣的内容,这套"中国传统民俗文化"丛书都有所涉猎。如中国古代婚姻、中国古代丧葬、中国古代节日、中国古代民俗、中国古代礼仪、中国古代饮食、中国古代交通、中国古代家具、中国古代玩具等,这些书籍介绍的都是人们颇感兴趣、平时却无从知晓的内容。

在经济生活的层面,这套丛书安排了中国古代农业、中国古代经济、中国古代贸易、中国古代水利、中国古代赋税等内容,足以勾勒出古代人经济生活的主要内容,让今人得以窥见自己祖先的经济生活情状。

在物质遗存方面,这套丛书则选择了中国古镇、中国古代楼阁、中国古代寺庙、中国古代陵墓、中国古塔、中国古代战场、中国古村落、中国古代宫殿、中国古代城墙等内容。相信读罢这些书,喜欢中国古代物质遗存的读者,已经能掌握这一领域的大多数知识了。

除了上述内容外,其实还有很多难以归类却饶有兴趣的内容,如中国古代乞丐这样的社会史内容,也许有助于我们深入了解这些古代社会底层民众的真实生活情状,走出武侠小说家加诸他们身上的虚幻的丐帮色彩,还原他们的本来面目,加深我们对历史真实性的了解。继承和发扬中华民族几千年创造的优秀文化和民族精神是我们责无旁贷的历史责任。

不难看出,单就内容所涵盖的范围广度来说,有物质遗产,有非物质遗产,还有国粹。这套丛书无疑当得起"中国传统文化的百科全书"的美誉。这套丛书还邀约大批相关的专家、教授参与并指导了稿件的编写工作。应当指出的是,这套丛书在写作过程中,既钩稽、爬梳大量古代文化文献典籍,又参照近人与今人的研究成果,将宏观把握与微观考察相结合。在论述、阐释中,既注意重点突出,又着重于论证层次清晰,从多角度、多层面对文化现象与发展加以考察。这套丛书的出版,有助于我们走进古人的世界,了解他们的生活,去回望我们来时的路。学史使人明智,历史的回眸,有助于我们汲取古人的智慧,借历史的明灯,照亮未来的路,为我们中华民族的伟大崛起添砖加瓦。

是为序。

傅璇琮
2014 年 2 月 8 日

前　言

　　广义上来说，人类的一切经济活动都可以统称为贸易。贸易的重要性不言而喻，它之所以如此重要，主要是由于交换源于分工，如果没有交换，分工也只能到此止步；贸易的发展，势必促进分工不断扩大，促使分工由粗而细，并进一步出现商品生产与商品流通。于是，就出现了一种与自然经济并行的经济形态——商品经济。

　　在整个中国古代时期，即从远古氏族公社至清王朝的消亡，自然经济与商品经济一直是既矛盾又共生共存，此消彼长，此进彼退，起落不定。总体来说有两个发展趋势：一是，在几千年的历史长河中，自然经济占主导地位，商品经济占次要地位；二是，经济社会发展的总趋势却是商品经济逐步排挤自然经济，最终导致整个社会成为商品经济社会。

　　中国古代贸易是中国数千年商品经济形态的主要表现形式，即"买卖之所"，"民相与市买"也，是商品交换的场所和领域。古代贸易是随着商品交换的出现而出现、发展、繁荣的，市场与交换简直可以是同义语。

　　马克思说："当市场扩大，即交换范围扩大时，生产的规模也就增大，生产也就分得更细。"马克思这里所说的生产，就是指商品生产。由此可见，贸易既是商品交换的聚焦点，又是商品经济形态运转的轴心。

贸易是历代经济发展的窗口，起着经济晴雨表的作用，中国的市场经济就是从此发源的。总体而言，凡贸易兴盛的王朝，或是王朝的某一阶段，或是王朝的某一区域，其经济实力往往比较强，政权也比较稳定；反之则否。因此，研究古代贸易，并以此为借鉴，有利于认识和推动当今社会主义市场经济体制的科学发展。

本书以古代贸易发展为主线，介绍了各个时期贸易发展概况和时代特征，是了解中国古代贸易及其相关知识的一个窗口。对于从事中国古代贸易研究人员和对中国古代贸易感兴趣的读者来说，本书将是一本不可或缺的指导工具。

目录

第一章 中国古代商业与商品

第一节 中国古代商业史话 …………………… 2
  自然经济下的商业 …………………………… 2
  商品经济的来源 ……………………………… 5
  商业的大发展 ………………………………… 8
  农产品商品化的扩大 ………………………… 10
  资本主义萌芽的产生 ………………………… 12

第二节 中国古代贸易的对象：商品 …………… 15
  商品生产的形式 ……………………………… 15
  商品的流通 …………………………………… 18
  商品价格的雏形 ……………………………… 21
  民间贸易的主要货物 ………………………… 22
  茶叶的异军突起 ……………………………… 25

第二章 贸易的人群：商人

第一节 商人登上历史舞台 ……………………… 30
  商人的起源 …………………………………… 30
  商人的崛起与沉沦 …………………………… 33

唐代政府对商人的抑制 ……………………………… 37
物以类聚商以帮分 ………………………………… 39
无商不奸 …………………………………………… 42

第二节　中国古代的商界巨子 …………………… 45
首位经商的文人 …………………………………… 45
商圣：范蠡 ………………………………………… 48
商祖：白圭 ………………………………………… 50
商人立国，商人救国 ……………………………… 53
经商治国集于一身 ………………………………… 55
隋唐时期的外贸专家 ……………………………… 59

第三章　贸易的场所：市场

第一节　城市的出现与繁荣 ……………………… 64
中国古代城市的起源 ……………………………… 64
城市的发展道路 …………………………………… 66
南方城市的兴起 …………………………………… 69
由封闭走向开放：城市的繁荣 …………………… 71
中国古代城市经济的薄弱 ………………………… 73

第二节　中国古代的市场 …………………………… 78
城市市场的滥觞 …………………………………… 78
五花八门的市场 …………………………………… 80
与少数民族贸易的市场 …………………………… 85
全国性市场的形成 ………………………………… 87
赶集与赶会：贸易的主要形式 …………………… 90
中国古代贸易的特点：市场的狭小 ……………… 93

第四章 贸易的媒介：货币

第一节 古钱币的产生与发展 …… 98
钱币的起点 …… 98
名目繁多的战国货币 …… 100
货币的大一统 …… 102
钱币的低谷 …… 105
通宝流传后世 …… 108

第二节 纸币的问世 …… 111
纸币的前生 …… 111
正式登上历史舞台 …… 114
禁铸铜钱：纸币的鼎盛 …… 117
银为主钱为辅 …… 120

第五章 中国古代政府对贸易的管理

第一节 贸易政策与市场管理 …… 124
古代的贸易管理雏形 …… 124
贸易管理系统的初创 …… 125
唐代对市场的管理 …… 128
王安石的贸易"变法" …… 131
明清政府对贸易的严格管理 …… 133
屡禁不止的官吏经商 …… 136

第二节 中国古代的贸易税 …… 139
最早的关市、山泽税 …… 139
两汉对盐酒征税 …… 142

唐朝的工商税 …………………………………… 145

两宋的盐税 …………………………………… 147

明代的矿税 …………………………………… 150

清朝的盐、茶税 ……………………………… 152

第六章 中国古代的对外贸易

第一节 商道的形成与变迁 …………………… 156

张骞通西域：丝绸之路的开辟 ……………… 156

丝绸之路的路线 ……………………………… 159

另辟蹊径：海上丝绸之路 …………………… 162

郑和下西洋 …………………………………… 164

第二节 历代的对外贸易 ……………………… 168

两汉与东西方各国的贸易 …………………… 168

群雄割据下的对外贸易 ……………………… 172

对外贸易的新局面 …………………………… 173

对外贸易的高潮 ……………………………… 175

海上贸易的大发展 …………………………… 178

闭关锁国下的对外贸易 ……………………… 180

参考书目 ……………………………………………… 184

第一章

中国古代商业与商品

中国是世界文明古国之一。中国古代的商业如同中国文化一样源远流长,它是中国能够屹立于世界之林的巨大支柱。

第一节
中国古代商业史话

自然经济下的商业

历史上范蠡不仅是著名的政治家，而且是个大商人。他善于经营，被后世商人奉为祖师，自古有"言富者，皆称陶朱公"之说。

春秋末期的范蠡是楚国宛（今河南南阳人），字少伯。官至越国大夫。随勾践入吴为宦三年。曾辅助勾践治国20余年，报了吴王夫差之仇。由于他看到勾践复国后只能共患难不能同富贵，故弃官而逃。离开越国浮海至齐，改名为鸱夷子皮，"耕于海畔，苦身戮力，父子治产"，不久获利数十万，被任为齐相。但范蠡感到受排挤，"久受尊名……乃归相印"，于是乎又弃官而去。之后他来到位于济水之滨的陶。范蠡认为陶是"天下之中，诸侯四通，货物所交易也，仍治产积居"。由于他善于利用交通方便之利；注意观察时机气候变化，重视预测信息，因而能做到"贵出如粪土，贱取如珠玉"；重视加速资金周转，坚持薄利多销，"候时转物，逐什一之利"；以及注重多种经营，农牧商结合，"父子耕畜"，19年之中三致千金，再分散与那些贫穷的亲友及百姓。

其实在春秋战国之时，上至贵族下至庶民通过经商致富者非范蠡一人。如周国的白圭精于经营，当魏文侯时，"乐观时变，故人弃我取，人取我与"的经商原则，他成为了大商人。孔子的门徒子贡"好废举，与时转货赀"（《史记·仲尼弟子列传》），一生都和商业分不开。司马迁在《史记》中为子贡列传，说他"结驷连骑，束帛之币聘享诸侯，所至，国君无不分庭与之抗礼"（《史记·货殖列传》）。

第一章 中国古代商业与商品

商业是一定生产阶段上的产物。繁荣的商业形成也绝非一蹴而就。在我国历史上，早在春秋之前就有了产品交换和交易活动。

最早的物品交换行为可以追溯到原始社会的末期，当时的交换还是偶然、个别进行的。随着社会生产力的发展而发展，产生了生产者之间的物物交换。后来，由于农业、畜牧业、手工业的三次社会大分工，私有制确立，物品交换范围进一步扩大。原先以物易物和生产者直接见面的交换方式已不适应现实的需要，客观上要求

禹帝雕塑

社会上有一部分人专门从事物品买卖，组织商品交换，这就是商业的雏形。在历史上，由交换开始到商业的发展兴盛经历了一个漫长的时间。

大量历史典籍表明，舜、禹是中国原始社会解体前的氏族首领。禹在公元前2205年接替舜成为部落首领。

禹在位时很重视管理，把全国划分为九个州。至夏王朝以帝都为中心，以贡道相通九州。被征服的部落要向夏朝进行纳贡，夏王朝在收贡后也以当地所产之物作为赏赐——这大概是最早的一种交换。贡道也可以说是商路。一直到公元前16世纪的商朝才出现了真正意义上的商人。

商原是居住于黄河下游历史悠久的一个部落。由于畜牧比较发达，所以常以牲畜与其他部落进行交换。传说早在汤灭桀建立商朝之前，商的先人王亥就开始驾牛车以帛和牛到其他部落间做买卖。贸易和发达的手工业使商逐渐强盛起来。商于公元前1771年伐夏，建立商朝，建立起比夏疆域更辽阔的国家，其范围大体相当于后来的中原地带。

商是当时世界上为数不多的奴隶制文明大国之一，统治范围的扩大更加方便了交换活动的开展。以后随着生产发展，交通改善，度量衡产生和一般等价物的出现，使得交换得到进一步发展，这时候出现了专门从事商业活动的自由商人。

商代交换活动的迅速发展是与生产力的进步密不可分的。商时的农业已开始实行轮流休耕制法。这一方法的使用可以使人们定居下来而不必大规模迁徙。农作物种类也有了扩大，有粟、黍、稷、麦、稻五谷；桑、麻、马、牛、羊畜牧业也有了较大的发展；此外渔猎业的发展也很快。手工业方面，青铜冶铸、陶器烧制、丝麻纺织、土木营建、酿酒、骨角制作、石玉雕刻、漆器制造等都跨入了新的发展时期。当时手工业除了能制造武器、酒器、铜镜等，还能生产斧、凿、刀、锯等用于生产的工具。冶炼铸造的发展推动了手工业和农业的发展，提高了社会生产力。

在商代，交通工具也有了很大的改进，比较普遍地使用牛车、马车等作为负重工具，不但有两马驾车，而且有负重多跑得快的四马驾车；同时在水路上船的制造已有改革。这些车船交通工具既可载物又能坐人，使商人能"通川谷，达陵陆"。从而使交易的次数日益频繁，交换数量增加，交换地区范围也随之扩大。当时商人从事一次买卖往返要数天，甚至达数月之久。

由于商业的发展，作为其标志的早期城市也逐步稳定和扩大起来。商后期已出现有十平方华里面积的城市，称为"大邑商"。在这些都邑里已有常设的市作为特定的交易场所，城内还有为往来客商提供饮食居住的饭铺酒肆。

商代的商业发展程度，从金属货币的使用上也可看到。近代考古发现在山西保德林遮峪的商代墓葬中就已有铜币。

在商代，商业已发展成为社会经济中一个专门行业，出现了一大批专门从事买卖、以增值货币为目的的商人。这些商人有奴隶主，也有一般平民。正因为商代是我国商业形成的时期，故而在我国人们就把流通交换领域的分工称之为"商业"。

西周建国后大封诸侯，把全国分为71个小国，建立起了大大小小的封建领主制经济，"普天之下，莫非王土，率土之滨，莫非王臣"。西周在农业上的一个重大改进是推行井田制，农奴除了为领主耕作和承担一些劳役之外，自己可以支配其余时间在私田上耕作，这样农奴开始有了自己的经济。生产关系的改革推动了生产力的发展，所以历史上有"周人重农"之说。农奴经济的确立，也就产生了农奴间的相互交换活动。

西周的手工业虽然主要是封建官营生产方式，但分工很细，号称"百

工"。手工业的进一步分工和发展必然使产品和原料的交换范围日益扩大。

我国在春秋之前,古代的商业已有了相当程度的发展。到春秋时出现了"天下熙熙,皆为利来,天下攘攘,皆为利往"的景象。在这个时期出现像范蠡、白圭这样的大商人,不能看作纯粹的个人因素所致,因为社会经济已为他们在经商中发挥个人才能创造了客观条件。例如范蠡所居陶地,位于济水之滨,原是个偏僻之地。直到吴王阖闾为通粮道北上称霸,开凿邗沟,沟通了长江与淮河两个流域的联系。不久,阖闾之子夫差为称霸中原这一军事上的需要,又把邗沟北向延伸,利用天然河道和湖泊,沟通了泗水和济水,直达黄河流域的南端,以水道运送舟师,随之陶成为水路交通要地。同时陶还处于齐、鲁、宋、卫等国之交,居古代"午道"之上,是东西南北的交通枢纽。南北运河的开通更给这个地方的经济带来了极大的影响。陶之地成为诸侯列国的交通要道、经商的理想之地,这为范蠡等人在此经商提供了"沃土",他们能取得成功也不足为怪。

商品经济的来源

春秋战国之际,由于农业生产的发展,社会分工日益扩大,商品经济逐渐发达起来。商品经济的兴起,瓦解了井田制的自然经济结构,使社会不再循着单一的自然经济结构变化,冲破了全国各地经济文化交流的障碍,使中华民族在政治经济上逐渐融为一体,为秦的统一奠定了基础,而秦的统一又在客观上为商品经济的发展提供了有利条件。西汉初年,统治者为了恢复经济,休养生息,对农业和工商业采取放任政策,因此商品经济又获得空前发展。故《史记·货殖列传》称:"汉兴,海内为一。开关梁,弛山泽之禁,是以富商大贾周流天下,交易之物莫不通,得其所欲。"

秦、西汉商品经济的来源,归纳起来有以下几种情况:

1. 个体农民的产品

在生产工具进步和生产技术提高的条件下,农民会有多余的产品。《管子》记载:"有一人耕而五人食者,有一人耕而四人食者,有一人耕而三人食

者，有一人耕而二人食者。"秦汉以前的农民，一个人可以生产两个人以上的粮食，多余的粮食便可以变为商品经济。西汉也不例外，《汉书·货殖传》记载"带郭千亩亩钟之田"，是说城郭附近出现上千亩的高产田，每亩产量达到六斛四斗。一个农民耕种几亩这样的田，无疑会有多余的粮食可以作为商品。昭帝时根据大司农中丞耿寿昌的建议："籴三辅、弘农、河东、上党、太原郡谷"，以供给京城，后又叫"边郡皆筑仓，谷贱时增价而籴，贵时减价而粜。名曰常平仓"（见《汉书·食货志》）。这些成为商品的大量谷物，有的来自地主，有的则来自农民，其他产品可以作为商品的也很多。

2. 地主和畜牧业主的财富

有些大地主和畜牧业主将自己的财富投入市场，因而成为商品。《史记·货殖列传》记载："田农，掘（通'倔'）业，而秦扬以盖一州。"汉代的州比郡大，相当于现在的两三个省，秦扬是个盖过一州的大地主，其财富之多，难以计算，把它投入市场，不是一笔巨大的商品吗？《汉书·货殖传》记载宣曲任氏"折节为力田畜"，"富者数世"。其实他是个大地主、大畜牧业主兼商人，拥有许多商品，他祖上就是因为出卖大量粮食而起家的。还说边郡的桥桃"马千匹，牛倍之，羊万头，粟以万钟计"。他和任氏一样，也是大地主、大畜牧业主兼商人，他的财富就是商品。汉武帝时期的丞相公孙弘和御史大夫卜式，据《汉书》本传记载，他们原来都是亲自牧过猪放过羊的畜牧业者，由于猪羊的繁殖快，投入市场成为商品，他们拥有很多财富。卜式曾以卖羊所得的20万钱捐献给国家，因而得到汉武帝的表扬、嘉奖和提拔。

3. 大工商业家的货物

西汉时期出现很多大工商业家，《汉书·货殖传》中点了名的即有20多人。如四川临邛的卓氏、成都的罗氏都是大工商业家，他们的货物是不折不扣的商品，从生产

汉武帝陵

到销售全归一家经营，有的流通于一个地区，有的则畅销于几个地区。如卓氏的铁器在滇蜀地区出卖；鲁人邴氏的货物在郡国里出卖；洛阳人师史的货物用上百辆车子装着，"贾郡国，无所不至"。汉武帝时，一度主管全国盐铁官营的大农丞东郭咸阳和孔仅，一个是齐地的大盐业家，一个是南阳的大冶铁家，都因为有名于时而被推荐做官。单是大盐铁家就有一大批，而且他们的商品关系到国计民生，不可小觑。

4. 官府的财物

少府、大农（或称大司农）、水衡等机构，是西汉朝廷设置的专管生产和财物的。在各种机构所属的仓库里储存有大量财物，《汉书·食货志下》记载：桑弘羊领导大农以后，"大农诸官尽笼天下之货物，贵则卖之，贱则买之"。可见，仓库里的大量"货物"都是商品，边郡的"常平仓"里的粮食也是商品，甚至大农制作新式农具出卖给农民而成为商品。在封建社会里，有些财物是用于供应和赏赐的。如汉武帝出巡和封禅时，"用帛百余万匹，钱金以巨万计"，用于赏赐的数量很大。但供应和赏赐以后的余物，只要经过准许，是可以作为商品出卖的。由此可知，官府可以提供的商品也是很多的。

5. 外国输入的物品

中国和相邻国家互通有无是历史上的常事，外国物品输入以后就成为商品。中国在边关地区设立交易市场，称为关市。《汉书·匈奴传》记载，"孝景帝复与匈奴和亲，通关市"。又说武帝即位后，"明和亲约束，厚遇通关市，饶给之"。当大战初起时，"亦通关市"。这说明西汉有对外贸易，外国有商品输入。"丝绸之路"开辟以后，外国商品更加不断输入。《汉书·西域传上》记载：成帝时，杜钦对大将军王凤讲西域罽宾国的"奉献者皆行贾贱人，欲通货市买，以献为名"。可见，到中国来的外国使者，很多人带有做生意的目的，他们把商品带到了中国。

由以上所说的商品来源，可以看出西汉时期商品经济的发展，也可以看出它与自然经济的紧密关系，以及它在整个封建经济中的重要地位。同时可以看出，没有农业和手工业的发展，便没有商品经济的发展。

商业的大发展

随着商品生产的发展，商品进入市场越来越多，商品交换、商品货币经济的发展也就越迅速。关于唐代商品交换发展情况，长安二年凤阁人崔融有过生动的说明。他说古代"关防讥而不征"，以前只敛商人，现在却不论商人、行人，统行征税。"且如天下诸津，舟航所聚，旁通巴、汉，前指闽、越，七泽十数，三江五湖，控引河洛，兼包淮、海。弘舸巨舰，千轴万艘，交贸往还，昧旦永日"。如果江津河口置铺纳税，必致"万商废业，则人不聊生"(《旧唐书》卷94)。崔融的话，一是讲了水路商品交换盛况；二是讲了"万商废业，则人不聊生"这一重要事实。

要全面说明唐代商品交换情况，还应补充陆路商业盛况和唐中期、后期商业繁荣的特点。

唐代陆上商路和驿路是一致的，以长安为中心，向西到西域，西南到成都，东南到襄州，东边到洛阳、汴州；然后由襄、汴分别通往潭州、广州、洪州、扬州、杭州等地。在这些商路上，终年商旅不断，沿途店舍栉比。《通典》记载了汴州至岐州一段及南北商路盛况：

"东至宋、汴，西至岐州，夹路列店肆待客，酒馔丰溢。每店肆皆有驴，赁客乘，悠忽数十里，谓之驿驴。南诣荆、襄，北至太原、范阳，西至蜀川、凉府，皆有店肆，以供商旅，远适数千里，不持寸刃。"

中唐以后，商品交换发展的特点是规模扩大，形式多样，商品种类增多。

所谓商品交换规模的扩大，是指交易额增加。如广陵贾人一次运往建康的家具价值即达20万钱，可见其交易额之大；又大历、贞元间，著名商人兼船主俞大娘有船最大，"操架之工数百"，"南至江西、北至淮南，岁一往来，其利甚溥"。(《唐国史补》卷下)其实当时大商人多有私人船只，还出现了有组织的商纲（商人船队）。

商品交换形式的发展除商店的出现外，

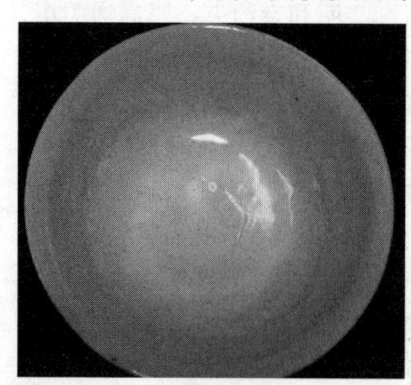

白瓷茶碗

市和草市的扩大和发展也值得注意。唐代的市和过去一样是封建政府设立的贸易区。按照唐初规定，市只能设在州县以上的行政机构驻节地，"诸非州县之所，不得置市"，即使是州县以上治所市的设置，都是由政府主持的。但在中唐以后，陆上水路交易的发展，使封建政府放宽规定，允许在不是州县的贸易中心置市。这一变化，表明商品交换的发展。县以下商业中心是市镇与草市。河南告成镇商业兴盛，湖州乌程也如此。又如梓州之东关县，原是盐亭县雍江的一个草市，后蜀明德四年（937年），以其地离县远，运输困难，治安也成问题，因而设立招葺院，宋时正式升格为县。这个事实说明，一些交易中心（草市）由于交易繁荣，封建政府为了征税和维持治安，才允许设市，然后又根据需要升格为县。唐代草市，日本学者加藤繁博士有过研究，国内学者亦有论及，这里不重复。但应指出，草市和市镇的发展，说明在中唐以后，于传统的市肆交易外，农村已形成地方性小市场，表明民间的商品交换是很繁荣的，其形式也比较多样。

至于商品种类的增多，从有关记载中可见一斑。随着饮茶的普遍，茶碗、茶盏这类商品需求日益增长。陆羽《茶经》讲到茶碗时说，越州所产为上，其他依次是鼎川、婺州、岳州、寿州、洪州的产品。"邢瓷类银，越瓷类玉"。邢瓷即白瓷，越瓷即青瓷。近年出土唐茶碗的还有长沙、铜川、潮州、同安、温州、景德镇等地。茶盏即盏托，也始于唐。至于丝织品、麻织品等，种类也比前代大大增多。解放以后，在吐鲁番阿斯塔那出土的唐代丝织品即是一个有力证明。

随着商品交换的发展，柜坊、邸店、飞钱等商业服务机构也发展起来了。邸店在唐代已开始分离，邸作为货栈，店除作为旅店外，同时兼有发卖商品职能，即有"置货鬻物"意思。由于交易额的扩大引起钱币流通量的增加，因为钱币携带不便，于是柜坊就从邸店分离出来，成为独立的金融机构。飞钱、便换也出现在中唐。飞钱类似近代之汇票，《新唐书·食货志》对此有记述。经营飞钱的有诸道进奏院、诸军、诸使和富家。将钱"纳于公藏，而持牒以归，世所谓便换者"。大概纳于"公藏"（指诸、道、军、使）的称公便换，纳于富家的称私便换。凡交易额大的商人多参与这项业务，因而元和时有禁止"茶商公私便换"之举。

农产品商品化的扩大

宋代小农家庭，在户等体制中就是指第三等以下的主户和客户，绝大多数是自耕农、半自耕农和租佃地主或官府土地的佃农。他们约占宋代总户数的90%。每户平均所能拥有或租佃的耕地，宋代各地不一，大致来说，第三等户以百亩为上限，第四等户占田三五十亩，户数最多的第五等户占田一、二十亩，只有几亩薄田者也不乏其人，其中不少家庭也需要佃耕，故史籍中或亦以佃户言之。客户，以分成或定额租的形式租佃土地进行独立经营，其个体经营受地主干预不多，除了夔州路等少数地区外，客户的人身依附关系较为松弛。宋代个体小农的数量与家庭产业结构较前代有了很大的发展和变化，与市场的关系更为突出。战国时期开始，流通已成为农民再生产的必要环节。两宋时期，市场关系的作用进一步强化，成为小农家庭解决其内在矛盾（具体劳动及生产环节的个体性与劳动对象及劳动范围的综合性之间的矛盾）的重要手段。

个体性综合型生产力至宋代已近成熟。曲辕犁耕作时深浅宽窄运用自如，在许多地区取代直辕犁，对于改造低洼地，垦辟荒田，可谓得心应手。尤其在南方，这种一牛一犁的犁耕方式运用于水田耕作，非常适宜于小规模的个体生产。缺乏耕牛的农户，则用踏犁、铁搭代替，虽然不如牛耕效率高，但毕竟比过去镢耕进步不少，农民借此能因陋就简地独立完成个体经营。铁搭是一种钢刃熟铁农具，用于犁耕之外，同时可用于耙镢中耕，显然是一种多用途的综合性农具。人力水车多为踏车，可充分利用辅助劳动力操作汲水，家庭劳动力得到高度的综合利用。生产工具的进步，使得江南圩田、山区梯田、沿海涂田不断开发，连同宋代引人注目的水利建设与农田改造所带来的土地资源改善，精耕细作也得到了强化。

作物品种的增加，优良品种的引入，也是农业革命性发展的重要内容。占城稻的引入和推广，开创了我国水稻种植的新局面。真宗时，占城稻，即籼稻，自岭南向岭北引种，迅速推广。《宋史·食货志》记载，占城稻"不择地而生"，耐旱、高产、早熟，它的普遍推广，改变了"江淮两浙稍旱即水田不登"的状况。在两浙出现了再熟稻，虽然不是复种，却使"村民得此接济，

第一章 中国古代商业与商品

所益非细。"在福建，水稻复种则已出现，如福州"濒海之田岁两获"。

淮河以北，水稻种植多呈点状、线状分布于低洼地区及河湖周围，尤以汴河两岸最为集中。真宗诏令将北方粟、麦、黍、豆等旱粮作物向南方推广，以防水旱，《宋史·食货志》记载，真宗"诏江南、两浙、荆湖、岭南、福建，诸州长吏劝民益种诸谷，民乏粟、麦、黍、豆者于淮北州郡给之"。南宋北人大量南迁，进一步刺激了旱作种植在南方的扩大，南宋的不少地区，稻麦复种的两熟制已经流行。庄绰《鸡肋编》记载，江浙、湖湘、闽广，西、北流寓之人遍满，甚至出现一斛麦达1200文的记录，于是有的地区种麦倍于种稻，江浙一带"竞种春稼，极目不减淮北"。北人南迁是小麦种植南移的重要促动因素，农民种植小麦也因此必然大量销入市场，故有"农获其利，倍于种稻"之说。宋元之际的方回在《续古今考》中，记秀州五口之家的佃户，耕田30亩，以一半交租，自得30石，人日食1升，一年18石，则有剩余米12石，全部投入市场。商品粮数量增长之大，体现在宋代商品粮市场的较大发展变化之中。宋代商品粮的流通，冲破了自战国秦汉以来"千里不贩籴"的古谚，具有一定规模的商品粮远距离贸易，突破了地区丰歉调剂的格局，而在一些稳定的商品粮供给地和消费市场之间持续展开。没有广大农户粮食商品化的扩大，就不可能形成宋代粮食市场这种前所未有的发展。

古人织布图

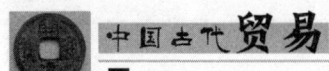

粮食亩产量的提高，使得农户可以将部分田地匀出来种植经济作物。种类和数量逐渐增多的农户产品，越来越多地转化为商品。宋代，异军突起的茶叶，桑麻纺织品，甘蔗、柑橘、荔枝等水果及其加工品，漆、楮、竹木、药材等各地特产，蔬菜、花卉等城郊作物，甚至鱼苗、果苗、生丝、生漆等原料或半成品，都广泛进入流通并开展远距离贸易，有的产品还形成专业产区。

生产力与劳动效率提高，部分劳动力腾出来经营经济作物或家庭副业，一般农户，小小经济体内有限的资源得到反复利用，多次开发，并且环环紧扣，农副业彼此促进，家庭产业结构也因资源的多层次利用而紧凑化、综合化和多样化。在两浙，陈旉《农书·六种之宜》记载，各种作物"相继以生成，相资以利用"。太湖平原的农民，在新垦土地上，都能"种粳稻，又种菜、麦、麻、豆，耕无废圩，刈无遗垅。"《嘉泰吴兴志·物产志》则记述了农户家庭喂猪、养奶牛、养鸡、养鸭等家禽家畜养殖业与家庭资源的高度合理利用。这种变化在时人的论述中屡屡可见，朱熹指出农户必须"别作营求"，各地皆然，陆九渊《与张元鼎》中分析金溪农民在农闲时从事制陶业之后总结说："今时农民率多穷困，农业利薄，其来久矣，当其隙时，藉他业以相补助者，殆不止此。"

资本主义萌芽的产生

资本主义萌芽，即是在封建社会内部以剥削雇佣劳动为内容的资本主义生产关系开始滋生，处于萌芽状态。这种萌芽首先在商品经济比较发达的东南地区稀疏出现。《明实录》记载："吴民生齿最繁，恒产绝少，家杼轴而户纂组，机户出资，机工出力，相依为命久矣。浮食奇民，朝不谋夕，得业则生，失业则死"，"染房罢而染工散者数千人，机房罢而织工散者又数千人，此皆自食其力之良民也"。这种"雇工"形式，既出现在手工业各部门，又出现在矿业、农业诸领域，甚至在流通领域也屡见不鲜。如包买商雇人去商品产地联系业务，牙行雇人帮工。雇工"计日受值"，出卖劳动力。

毋庸置疑，资本主义萌芽是以商品经济发展为前提的。因此，也可以这样认为，资本主义萌芽在很大程度上，就是资本主义市场的萌芽。遍查明中叶以后史料可知，凡有雇工的行业和部门，都是名副其实的商品生产。

第一章 中国古代商业与商品

明朝农业、手工业的发展，促进了商品生产的发展，商品生产的发展也突出地表现在农业和手工业方面。

在农业中，为满足市场需要的经济作物已普遍种植，如种棉出售，对各地棉农有很大刺激作用。在山东，"六府皆有之，东昌尤多，商人贸于四方，民获以利"。江南地区如嘉定"地产棉花……种稻之田不能计一"，"其民独托命于棉"。又如种桑养蚕，在湖州、桐乡等地"大约良地一亩，可得桑八十个（共1600斤），计其一岁垦锄壅培之费，大约不过二两，而其利倍之"。还有种烟叶，种甘蔗等经济作物的区域均在不断扩大。可见，农业的商品化趋势已明显增强。

在手工业方面，丝织业、酿酒、制糖、碾米业等，开始从农业中分离出来。尤其是江南地区，"今天下财货聚于京师，而半产于东南，故百工技艺之人亦多出于东南"。如嘉兴的濮院："以机为田，以梭为耒。"吴江的盛泽、黄溪："女工不事纺绩，日夕治丝。故儿女自十岁以外，皆早暮拮据，以糊其口。而丝之丰歉、绫绸价之低昂，即小民有岁无岁之分。"手工业商品生产的发展，与商品经济的发展是成正比的。明中叶后，全国工商市镇勃兴，如江西景德镇，民皆务瓷，成为瓷器集散中心等。明朝手工业商品生产的特点，一是分工越来越细，二是私营成分越来越浓，三是雇工现象越来越突出，四是受市场影响越来越大。

商品生产离不开市场，凡商品生产最活跃的地区，当地市场也最活跃。商品生产者与市场的联系有两条途径，一是自产自销。如上海，棉花上市时，"每晨至午，小东门外为市，乡农负担求售者，肩相磨，袂相接焉"。再如江苏的松江，"里媪晨抱纱入市，易木棉以归，明旦复抱纱以出，无顷刻间歇。"可见，许多商品生产者就是市场上的生意人，一身二任。他们将自己生产的产品，售卖或换取粮食和其他必需品，他们与市场紧密相连，若离开了市场，他们就无法生存。二是通过包买商贩运户与市场发生联系。在明朝，包买商往往支配着许多小商品生产者。如松江万历以后，"故郡治西郊，广开暑袜店百余家，合郡男妇皆以做袜为生。从店中给筹取值，亦便民新务"。包买商将集镇作为收购和推销农产品和手工业品的基地，是大批发商，他们一刻也离不开市场，是市场中最活跃的一部分人。如石门县，万历时"蚕丝成市，四方大贾岁以五月来贸丝，积金如丘山"。再如咸泽镇，"绫罗纱绸出盛泽镇，

奔走衣被遍天下。富商大贾数千里辇万金而来，摩肩连袂如一都会矣"。

明朝江南地区市场的总体运动是由生活资料、生产资料及加工成品为主的商品流通活动所构成的。以往的市场，主要是消费品市场，以满足城乡人民日常生活所需。在明朝，当然也还是这种格局。但明朝已出现了新的趋向，即生产资料市场明显增多。这是由于：其一，从农业中分化出一批新手工业部门，所从事商品生产的原料和工具，必须从市场购得。如三吴、闽、粤一带的织机，皆"取给于湖茧"。山西潞州丝织业，"潞绸所资，来自他方，远及川、湖之地"。其二，手工业生产者为赢得市场，提高竞争力，对原材料的质量要求提高了。如粤缎"必吴蚕之丝所织，若本土之丝，则黯然无光"；粤纱"亦用吴丝，方得光华不褪色"。其三，农民对铁器、铜器等生产工具的需要增加。人们改进生产工具，以扩大生产。明朝生产资料市场中的产品，主要是原材料、生产工具等。如素有"佛山之冶遍天下"美誉的佛山铁器，明景泰时已"四远商贩辐辏"，经大庾岭运往外地。再如随着纺织业的发展，染料市场也就出现了"福建而南，兰甲天下"。许多地区都有红色染料的红花市场。陕西泾阳石桥镇的红花市，"每五六月间，贾客辐辏，往来如织"。

消费品市场是满足人们消费需要的市场，而生产资料市场是满足人们商品生产需要的市场，前者再多，也不能创造新生产力，而后者，则是扩大再生产的基础，具有强大的生命力，能孕育出新的生产力因素。在封建社会解体过程中，能孕育出资本主义的萌芽。

 知识链接

市不豫价

郑成公之少子子产（前574—前522年），在郑国执政20多年，政绩卓越，民风淳朴，"门不夜关，道不拾遗"。在贸易方面，他提出了"市不豫价"理论。即指市场上商品的价格不必预先确定，应根据市场实际，由买卖双方自己去议定。不过，市场价格到底由什么决定，子产并未进一步说明。

第一章 中国古代商业与商品

第二节
中国古代贸易的对象：商品

商品生产的形式

　　社会分工是商品经济发展的基础，商品生产只有建立在发达的社会分工之上，才是纯粹的为卖而产的商品生产。这样的商品生产形式对商品经济的发展才会有质的变化。但中国历史上的商品生产却并不是建立在这样的条件和基础之上的。生产者将产品转化为商品是多方面、多形式的。

　　在自然经济下，农民往往能生产出自己所需要的大部分生产和生活用品，但不可能生产出自己所需要的一切用品。此外，为了缴纳赋税贡俸也需要一定的货币和别人的生产物。农民为取得货币就必须要出卖自己所生产的一部分产品。因此，农民虽不是严格意义上的商品生产者，但其必须拿出一部分产品作为商品出售。这些产品的生产虽然不是以作为取得价值为目的的商品生产，但进入了流通就具有了商品的性质。由于农民家家户户处境不论好坏都要出卖产品，集中起来就是一个数量很大且来源较为稳定的商品。

　　农民出卖的产品主要有两种：一是农产品，二是手工业品。一般来说，后者的比重要超过前者。因为农产品大都是基本的生产消费品，而且又是农民家庭再生产中的生产资料。食用、种子、饲料，以及交租纳税都依靠谷物。当然，某

古代商品市场

些地区以茶、棉等生产为主的农民另当别论。在生产力低下、生产规模很小的情况下，虽然农民的商品率不高，但家庭自用部分的弹性很大。农民为生计所迫尽量压缩生活开支，出卖产品维持生产的继续进行，而当经济好转时自给性消费也可随之扩大。所以总的来说，在一定的经济条件下，封建社会的商品经济总是保持在一定水平之上的。

在中国历史上，地主常常把从农民那剥削来的部分地租用于出售，使之成为社会商品的主要来源之一，导致地租的商品化。但这些人并不从事生产，他们也不把地租当作商品看待，地租中的一部分出售完全是出于偶然，没有价值观念和利润的要求，也就不需要考虑成本和价格。这些地租是地主以剩余劳动形式无偿占有的。地租的生产者和占有者都不是把地租作为商品进行生产和出售的。但地租的一部分进入流通后，毕竟转化成为商品。同时，这种无偿占有生产者剩余劳动的地租商品化，造成了社会对商品生产要求量的缩小，因而是不利于商品生产发展的。

手工业者是我国封建社会中最主要的一种商品生产形式。这些人的生产目的是为了出售，其产品也往往需要经过流通过程才能送到消费者的手中。但由于种种原因，历史上这种私营手工业多数处于低级的生产水平之中。生产的产品虽是为了出售，但生产的目的仅是谋生糊口，取得利润的动机并不十分强烈，且多数是使用家庭内的劳动力或少量的学徒帮工。同时，这些私营手工业也不是建立在发达的社会分工基础之上的，有一定规模的作坊式生产形式不多，因此，产品的品种和数量均受到制约。加上外部的种种限制，从单个生产者来看，真正能够发展壮大起来的并不多见。仅仅是由于社会的需要，他们始终是存在的。

官营手工业作坊具有较大的生产规模。官府手工业的生产目的主要是为了统治者的生活和维护政权统治的需要。如专为皇廷生产的奢侈生活品和一些专用品、军队的军需品以及政府的办公用品等，从这点来看它们并不具有商品生产的形式。但由于这些作坊生产出的一部分产品也在市场上出售，因而又具有商品生产的外观，尤其是在一些朝代为增加国家收入，解决财政困难，把能带来巨大盈利的盐、铁等制造行业收归官营，这些产品的使用对象主要是广大民众，因此商品生产的外壳要更为浓厚一些。不可忽视的是，这种生产形式对商品经济的发展起到了极大的阻碍作用，其落后性也十分突出。

第一章 中国古代商业与商品

首先,其排斥了私营工商业的发展。在封建社会中,统治阶级的生活和维护统治所用的物品以及广大人民的生活必需品是个巨大的需求市场,是资本投资的有利场所,也是从事商品生产的广大领域。这些部门如允许私人发展,将必然对商品发展起到刺激作用,而实行官营则切断了商品生产的扩展之路。

其次,官营手工业的经营方式不是按照商品生产的原则进行的,而是服从于财政原则的需要。官府经营所得收入实际上是剩余劳动,是一种变相的赋税,是统治阶级向人民掠取财富的一种特殊形式。因此,官府手工业所得到的丰厚收入并不是通过大生产的优越性带来的,而是国家通过政权垄断取得的。这种凭借政权获得的利益使私人企业无法竞争,而其落后性却受到了保护和支持。因此,这种官府手工业不仅使商品经济发展的领域缩小了,而且造成了不平等的社会生产地位,并常"与民争利"。

再次,由于官营手工业的垄断地位和优越条件,使其无须经过努力就能获得丰厚的利益。这也使得经营者不必考虑提高生产效率和加强管理,只要挖空心思、想方设法取得特权照顾,杜绝私人竞争就能保证获得源源不断的利润。在这些作坊中,生产的原料可以无代价地取得,实行价格垄断,生产过程中使用的是大批无须支付工资的官奴、徒、匠、卒等。价值规律在这里无法发挥作用,进而造成其产品低劣、价格昂贵和效率低下的现象。西汉实行盐铁官营后,对于工商业中销路广、利润大、获利丰的生产经营不准私人插手,结果是低效无能、贪污浪费、粗制滥造,单纯追求数量以应付官差、忽视经济效果而造成浪费。

最后,为了满足封建统治者的特殊奢侈需要,官府手工业往往把大批技工集中到宫廷和官府办的作坊中。这些作坊具有很高的工艺技术水平,为统治者生产出许多精美的玩物,也在一定程度上创造了我国古代手工艺品的成就。但这对社会经济的发展并没有什么重要的意义,相反把大量的技术人才搜罗集中到官府手工业中,使他们的聪明才智无法得到充分发挥,其技能也无法在社会上得到传播推广,最终导致了许多优秀技艺的失传。

官府手工业是对民间工业的扼杀,它堵死了发展商品生产的通道,而其自身也最终未能取得成功。因此,它对社会分工和生产力的发展均起到了阻碍的作用,是一种商品经济发展的破坏力。

商品的流通

封建社会的商品是通过各种不同的渠道进入流通过程的,商品流通的各种形式表现为封建商业的各种形态。商业形态与商品形态有一定的关系,商业由低级形态向高级形态发展,也与剩余劳动剥削的情况、社会分工的发展水平有密切的联系。

商品的交换形成商业,但并非所有的商品交换都需要商人资本作用其间,曾经有农民的产品和城市手工业者的产品在没有商人作媒介的情况下进行交换。我国封建社会最低级的商品交换形态,也是个体小生产者间的直接交换。这种最简单的商品交换形态,一直到封建社会末期仍然存在,明清时有的地方还是"商以货易货,鲜见银钱"。这种初级形态的商品流通,反映了小生产者的利益超不出极狭小的地方范围,小的市集虽然把小生产者联系起来,但市场微不足道,生产者仍极其分散。

比较高级的商品流通必然以商人资本的中介为前提,因为商品的生产者与消费者之间出现了相当的距离,生产者不但无法了解消费者的具体需要,而且也不可能把商品直接送到消费者手中。在这种贸易中,消费者已经无从精确地了解商品生产的费用和劳动时间,这样,商人就可以在贱买贵卖的不等价交换中获取利润,商业资本于是得到了生存的土壤。尽管这种商业活动有共同的基础,即必须借助于商业资本的中介作用,但其表现形态还是多种多样的。

商人首先经常从事的是转运贸易,我国中央集权的大一统政治环境为转运商业创造了方便条件。从秦汉开始,就有"富商大贾,周流天下"的情况。明清时,远地转运仍毫不衰落,"良贾急趣利而善逐时,非转毂四方不可"。

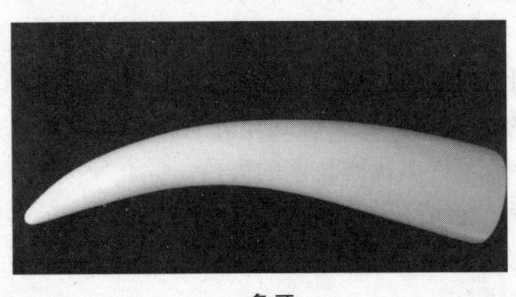

象牙

这种商业所贩卖的商品,大多是供统治阶级享用的奢侈品,因为在封建社会交通不发达的条件下,此类商品体轻价贵,便于远地转运。转运商人的经营原则是"百里不贩樵,千里不贩籴"。不过,随着社会分工的发展和交通条件的改进,

第一章 中国古代商业与商品

进入流通领域的转运商品会突破奢侈品的范围，逐渐扩大到一般商品。到明清时，谷物、布匹等均已运往远地出售。但是，一般商品的价值较低，奢侈品数量虽少却价值很高，我们仍不能根据谷、布贸易的增加，过低估计奢侈品在转运商业中的地位。

与转运贸易性质相似的另一种商业形态是域外通商。由于商品流转得更遥远，更需要具有体轻价贵的特点，此类商品就几乎大部分是奢侈品了。汉代番禺是对外贸易的重要场所，"多犀象、玳瑁、珠玑、银铜、果布之凑"。广州是唐代主要的对外贸易港口，海舶运来的商品亦"皆犀象珠琲"之类。宋代与大食、古逻、阇婆、占城、勃泥、麻逸及三佛齐等国通商中，输出的商品有金银、缗钱、铅锡、杂色帛及瓷器等，输入的商品是香药、犀象、珊瑚、琥珀、珠琲、镔铁、鼍皮、玳瑁、玛瑙、车渠、水精、蕃布、乌和苏木等，"皆浮靡无用之异物"。明代由暹罗、柬埔诸国运来中国的商品仍不外是苏木、胡椒、犀角和象牙等；由中国运往佛朗机、吕宋等国的商品则为绫罗杂缯，因为"其土不蚕"，这些丝织品运去后，当地统治阶级"服之以为华好"，也都转化成了奢侈品。

从事贩运贸易和国际贸易的商人都是行商，与行商相对的则为坐贾，他们所经营的商业也可分为两种形态：一种是接鬻商货的商业，另一种是投机商业。

手工业者和农民有时可以把产品亲自卖给消费者本人，在这种情况下，不需要有坐贾的中介；但当社会分工有所发展，尤其是手工业品的产量大增时，一部分商品就很难由生产者直接卖给消费者，这样，就出现了接鬻商品的坐贾，宋代已有专"以接鬻缣帛为生"的商人。明清时，新安、开化的农民出卖农闲时所织的席子，亦多"负而鬻于浒墅虎丘之肆中，少自卖者"。肆中承买席子的商人显然与宋代"接鬻缣帛"的商人经营着性质相同的商业。

另外一种坐贾就是经营投机商业的商人。封建经济为投机商业的存在提供了必要的土壤。农民出卖的手工业品多生产于农隙，向市场提供也有季节性，商品流通不免有淡旺之分。地主的地租收入也有一定的节令，他们的购买力也容易发生显著的变化。上述条件很容易造成商品价格的大幅度涨落，而物价的暴涨暴跌正是投机商业的生存条件。早在战国时，就已形成了投机商业的经营原则："乐观时变，故人弃我取，人取我与。夫岁熟取谷，予之丝

漆；茧出取帛絮，予之食"。秦汉之际的宣曲任氏，就以囤积谷物，利用"米石至万"的机会而"以此起富"（《史记·货殖列传》）。此类商业对正常的生产和流通毫无好处，是商品经济中的多余环节，它只起加强剥削小生产者的消极作用，而无任何积极职能。

最后一种商业形态是由封建政权直接经营或垄断的国营商业。统治者之所以要经营国家商业，有两方面的原因：首先是为了增加财政收入，补充正税之不足；其次是为了重农抑商，延缓"商人兼并农人"的过程。汉武帝采取桑弘羊的建议，实行"均输"和"平准"，"大农诸官"根据"贵则卖之，贱则买之"的原则经营商业，目的是使"富商大贾亡所牟大利则反本，而万物不得腾跃"，地主政权则可得到"民不益赋而天下用饶"（《盐铁论·错币》）的实惠。王安石变法时所实行的"市易法"和"均输法"，其性质与桑弘羊的"平准"和"均输"大同小异。实行这些变革的效果是"谷贱则官籴，不至伤农，饥歉则纳钱，民以为便。本钱岁增，兵食有馀"（宋史·食货志》），同时也使大商人的"较固取利"受到限制，所以反对变法的人纷纷攻击新法是"夺商人之利"。应该看到，这种性质的国营商业虽然也是统治者剥削劳动人民的一种手段，但这一部分国家利润是从商人资本的利润中分割出来的，所以这种性质的国营商业的发展，打击了大商人，缓慢了农民破产的过程，有利于维持和发展农业生产，具有一定程度的进步性。

鼎·西周铜器

另一种国营商业是国家专卖制。王莽改制时的"六筦"就有专卖性质，历代对盐、茶、酒有时也采取国家专卖制度。国家经营此类垄断商业，往往不是为了抑制大商人，而是单纯地追求增加财政收入。所以，这种商业利润很高，不但不能缓和阶级矛盾，而且恰恰能促使阶级矛盾激化。唐朝后期实行榷盐政策，盐价由每斗10文逐步涨至370文，"贫民困高估，至有淡食者"，这是黄巢起义爆发的原因之一。北宋统治者在四川设立"博买务"，终于引起农民起义，"贩茶失职"的王小波、李顺成为起义的领导者，亦非偶然。

无论在哪一种情况下，取得利润都是国家直接经营商业的最主要目的。这种利润的占有，主要是凭借国家的政治特权，因此，国营商业的利润不是真正的商业利润，而仅仅是赋税的一种转化形态。

商品价格的雏形

价格是商品价值的货币表现。价值是凝结在商品中的一般人类劳动，它自己不能由商品表现出来，只有通过与其他商品的交换，才得以表现。货币出现以后，各种商品都首先同货币交换，使自己的价值通过货币表现出来。商品价值的货币表现就是价格。

价格是个历史范畴，是商品生产和交换发展到一定阶段的产物。开始只是偶然的、个别的行为，而且采取的是物物交换的形式。随着商品交换的发展，交换的日益频繁，物物交换越来越不适应生产的需要。于是从商品世界中逐渐分化出充当一般等价物的商品。这种一般等价物，从牲畜、皮毛、贝壳、布帛等，转到天然适合充当一般等价物的贵重金属——金银身上。"金银天然不是货币，但货币天然是金银。"（《马克思恩格斯全集》第13卷第145页）货币面世以后，各种商品都首先同货币相交换，使自己的价值都在货币上表现出来，这样，价格就产生了。货币和价格的产生，如同给商品交换增添了双翼，使商品交换的发展有了广阔的前景。

价格中国的产生，同货币的产生一样，可以追溯到很久远的时候。史称："黄帝之世，人民不夭，百官无私，市不预价，城郭不关，邑无盗贼，鄙旅之人，相让以财。"这里的"市不预价"，旨在说明父系氏族之初——"黄帝之世"的原始共产主义社会的社会风气，它与先秦时的子产提出的"市不豫价"的意义是有区别的，不能以此说明我国古代的黄帝时代已产生了价格这一概念。因为在黄帝时代，我国还处在物物交换的萌芽时期，根本就没有发展到产生货币的程度，而价格是商品价值的货币表现，既然没有产生货币，则价格也就无从说起了。

中国古代的尧舜时代，价格这一概念可能已处在萌芽时期，如《管子》记载："（舜）顿丘买贵，于是贩于顿丘，传虚卖贱，于是债于传虚。"这就是说，在父系氏族的部落之间进行商品交换时，人们开始考虑到交换的比例，这就是萌芽的价格意识。

根据价格同货币的关系而论，中国古代价格的产生，当与货币的产生处在同一时期，即产生于殷商时代。然而，殷商时代的价格史料在古籍中却未见记载。

东西周中期，用金属货币计价的物价资料也有了，如曶鼎就记载有：5个奴隶的价格是百孚铜贝。自西周以后，古籍中关于物价的记载也就逐渐多了起来。

民间贸易的主要货物

古人云：日中为市，致天下之民，聚天下之货，交易而退，各得其所。所谓"民"，是对官而言的，包括士、农、工、商在内，但绝大多数是农民和手工业者。而"货"，包括奢侈品和生产生活必需品。古代早期，奢侈品贸易发达，"奇怪时来，珍异物聚"，但这些珍宝是由大商人贩运到城市，卖给达官贵人享用的。粮、盐、布、铁、畜，特别是粮食，始终是古代民间贸易的主要货物，唐宋以后，尤其是明清，更甚之。

明清市镇墟集上，"众物杂陈"，"诸货悉备"。而粮、盐、布、铁、畜是主要货物，整个贸易是以粮食为基础进行的，以粮易货有以下几种形式：

卖粮缴纳税银，此其一。

明代青州之民，"以粮易钱，以钱易银"，纳税于官府。古田县地瘠民贫，岁岁发收米制曲，"易银完粮"。

以粮易布帛、衣被鞋帽，此其二。

清康熙时，黎城县农民"以粟易衣"。

乾隆时，大同"棉布亦以粟易"。五六斗、以至八九斗谷值一匹布。

五台县农民担谷走数十里，"始易金钱，贸布絮焉"。

安定县农户，"每岁出数石粟，始成一件衣"。

中卫县"布帛所需，俱以粟易"。

兴平县"衣被冠屦，皆取给于外省，而卖谷以易之"。

以粟易盐鱼，此其三。

清代，饶平县石溪头埠，"海外渔盐，小舟装运至此。三饶之民以粟易

第一章 中国古代商业与商品

之,逐曰市"。

定远小民,以米谷"兑盐而食"。

以粮易器具,此其四。

清代,河南户氏县,"家居器用,徒资粟易,赊诸坐商"。

广丰县乡民每遇一、四、七圩期,聚集于五都圩,用米麦贸易竹木器物等。

河间县城常集5处,四乡大集7处,小集27处,都是米麦农具贸易,不杂他货。

仪封县市集12处,粟布锄犁贸易,互通有无。

婚丧嫁祭等应酬费用,亦需卖粮米筹集,此其五。

乾隆《武威县志》记载,乡民"一切婚嫁丧祭应酬,惟资粮米粜卖以济用"。宣化地区农户有婚丧之事,亦借卖粮。石泉县农村"庆吊人情之需,俗向取给于包谷所喂之猪"。

种植经济作物的农民和工匠出卖自己的产品,购买粮食等物品。

无锡农家以纺织为重要副业,春天农家户户纺织,"以布易米面而食"。秋季,一遇雨天,机杼声又遍村落,"抱布贸米以食矣"。嘉定县农民种棉织布,"贸易钱米,以资食用"。宝山县农民,纺棉织布,"抱布易银……而买食米"。乐亭县农民,农闲时,"女纺于家,男织于穴,遂为本业。故以易粟,实穷民餬口之一助"。

"半借木棉,易米为活。"这是临邑县的情况。栾城县最著名的物产是棉花,一到棉花下来时,"晋豫商贾云集。民竭终岁之力,售其佳者以易粟,而自衣其余。"

瑞金山多地少,所产之谷不足供一邑之食,"借卖烟以易米"。

对于古代晚期主要商品的交易量,有人做了估计,并提出了古代市场结构的基本模式。

鸦片战争前(清道光年间),国产粮食商品量245亿斤,商品值16333.3万两,占42.14%;棉花商品量255.5万担,商品值1277.5万两,占3.3%;棉布商品量31517.7万匹,商品值9455.3万两,占24.39%;丝商品量7.1万担,商品值1202.3万两,占3.1%;丝织品商品量4.9万担,商品值1455万两,占3.75%;茶商品量260.5万担,商品值3186.1万两,占8.22%;盐商品量32.2亿斤，商品值5852.9万两，占15.1%。以上合计，商品值38762.4万两，为100%。调整后，以上国产商品流通额及所占比重如下：粮食13883.3万两，占39.71%；棉花1085.9万两，占3.11%；棉布9455.3万两，占27.04%；丝1022万两，占2.92%；丝织品1455万两，占4.16%；茶2708.2万两，占7.75%；盐5352.9万两，占15.31%。以上合计为100%。再加入进出口因素，即棉花商品值1085.9万两加入净进口棉花值302.5万两为1388.4万两；丝商品值1022万两减去其净出口值225.2万两为796.8万两；茶商品值2708.2万两减去其净出口值1126.1万两为1582.1万两。这些商品之间的流通和交换大体是粮农主要出售粮食，以换取布和盐；棉丝茶等经济作物的生产者，则要换取布、盐和部分粮食。

第一，粮食是古代民间贸易的基础。

第二，仅次于粮食的是棉布。棉花的种植和棉布生产的发展，是在宋元以后，主要是明清。在此以前，盐是仅次于粮的贸易货物。"十口之家，十人食盐"。人人要吃盐，但盐不是一般人家和所有地方都能生产的，故贸易量很大。古代许多大商人都是经营盐起家的。历代政府都把盐税收入作为重要财源，许多朝代还实行盐的官营，与商人争利。所有这些都说明盐在古代贸易中处于举足轻重的地位。到清代，棉布才代替盐成为占主导地位的工业品。

第三，这里没有列铁及其制品的贸易量、商品值。其原因是到1913年，全国钢铁销售量，包括洋钢铁，才约540万担。全按土铁价格计不过880万两，其量值较小。鸦片战争前，更小。但铁在生产和生活中的重要作用是不容忽视的。《管子·海王》中记载：一个妇女必须有一针一刀才能做活，农夫必须有犁锄才能耕种，修造车辆的工匠必须有斧、锯、锥、凿等工具才能工作。而铁和铁器也不是一般人家和所有地方都能生产的，必须以农产品、主要是粮食去交换。孟子和许子的门徒在辩论中公认，一个人不可能既耕田又做铁器等，必须"以粟易之"。汉代出现许多大冶铁商人，许多朝代设立铁官，对铁实行官专卖。明清市集上，铁器与粮布等同为大宗，也说明铁器是民间贸易重要的商品。

第四，这里也没有包括牲畜。但牲畜在农业生产、运输、贸易和社会生活中都居于重要地位。中国古代农业生产主要动力是牲畜，以牛为主，骡马驴等为辅，猪羊牛肉等又是重要食品，皮毛是服装和鞋帽原料。因此，牲畜

第一章 中国古代商业与商品

及其制品的贸易早就发达,史书对此多有记载,弦高贩牛于周是众所周知的故事。汉政府与西北少数民族的贸易,主要是丝绸与牲畜交易。匈奴的骡、马、驴、骆驼等大牲畜"衔尾入塞"。直至清代,中原地区与西北少数民族的贸易中,茶马交易和绢马交易始终很活跃。许多大城市以至京师,都有牲畜交易市场。魏晋南北朝,洛阳有三大市,城东的马市是其中之一。唐都长安亦有马市和羊市。宋都开封的马行街热闹非凡。明清,北京有骡马市、马市、羊市、猪市,天津有马市、驴市,苏州有猪市等。乡镇集市上,牲畜贸易更为普遍。郑板桥诗云:"驴骡马牛羊,汇集斯为集。"其贸易量颇为可观。据有人估算,清乾隆至道光年间,山东全省每年牲畜交易量约在26万~28万头之间。由牙纪征收缴纳的牛驴税,占山东地方政府征收的五项杂税的15%左右。经纪人也是首先出现在牲畜交易中,可见牲畜贸易历史悠久。

综观各种货物的地位和作用,似乎可以把中国古代民间贸易概括为以粮易盐、布、铁、畜的小生产之间的贸易,粮、盐、布、铁、畜是民间主要的贸易货物。

茶叶的异军突起

茶叶由一种地区性的消费品,逐渐成为全国范围内的大宗商品,这一进程发生于唐代。杨华《膳夫经手钞》述其源流道:"茶,古不闻食之,近晋宋以降,吴人采其叶煮,是为茗粥。至开元、天宝之间,稍稍有茶,至大历遂多,建中以后盛矣。"后来茶叶逐渐成为民众的日常需求,正如《旧唐书·李珏传》所说:"茶为食物,无异米盐。于人所资,远近同俗。既怯竭乏,难舍斯须。田闾之间,嗜好尤甚。"需求的广泛与普遍造就了广大的茶叶市场。起先,"南人好饮之,北人初多不饮",开元以后,北方人转相仿效,遂成风俗,"自邹鲁沧棣至京邑城市,多开店铺,煎茶卖之。不问道俗,投钱取饮。"到唐末,又从中原传至塞外,贞元以后,回纥开始驱马易茶,西南的吐蕃,靠近最大茶叶产地之一的四川,也成为川茶的一大销售市场。

饮茶之风在六朝既已出现,可是茶的种植不广,原因是当时的农业生产力还不足以大量生产这种经济作物。直到中唐之际,茶叶才能发展起来。据陆羽《茶经》,唐朝肃、代之际,产茶地区已扩及10道中的8道,多至40余

茶叶是中国古代的大宗商品

州,主要分布于南方。《册府元龟》开成五年崔珙上《禁茶户盗卖私茶奏》称:"江南百姓,营生多以种茶为业。歙州山多而田少,山且植茗,高下无遗土。千里之内,业于茶者七八矣。由是给衣食,供赋役,悉恃此祁之茗。"

茶叶可以说是一种天然的商品,生产者自食并不多,大量都是抛入市场。这种产品不仅其商品性很强,而且其交换方式与其他农业生产物又有区别。许多农家剩余品,都是有无相易,一经易手,就进入消费过程。在这种交换方式中,买卖两家面对面地出现在市场上,用不着什么人作为媒介。茶叶这种商品,产地在川蜀江淮,而销售却远及北国、吐蕃、塞外,没有商人的中介便无法流通。

茶商在唐代已成为一支专业商人队伍。江淮一带,"茶熟之际,四远商人,皆将锦绣缯缬、金钗银钏,入山交易。妇人稚子,尽衣华服,吏见不问,人见不惊"。江淮茶叶成为劫贼觊觎的目标,"濠、亳、徐、泗、宋州贼,多劫江南、淮南、宣润等道,许、蔡、申、光州贼多劫荆、襄、鄂、岳等道。劫得财物,皆是博茶,北归本州货卖,循环往来,周而复始。更有江南士人,相为表里,校其多少,十居其半"。唐后期藩镇各自为政,混乱状态下涌现的劫贼,或许是地方势力,或许是武装商人集团,总之都是通过抢劫财物获得资本来经营茶叶贸易。官府榷茶后,茶叶走私更盛,"凡千万辈,尽贩私茶",或聚徒党颇众,而官府场铺人吏,皆与通连勾结,以致"正税茶商多被私贩茶人侵夺其利"。上引张途一文还说,歙州茶,"色黄而香,贾客咸议,愈诸四方。每岁二三月,赍银缗缯素求市,将货他郡者,摩肩接迹而至"。商贩们或乘负、或肩荷、或小辙,先以轻舟寡载,然后就其巨舶,运销远方。北方,"其茶自江淮而来,舟车相继,所在山积,色额颇多"。在另一大产茶区四川,茶商源源不断地将茶叶运往陕西等地,晚唐时成为当地一大财源。高骈《桂苑笔耕集》卷2记载:"西川富强,只因北路商旅,托其茶利,赡彼军储。"湖南也是如此,茶利成为五代马殷政权财政收入的一大支柱,"于中原卖茶之

第一章 中国古代商业与商品

利,岁百万计"。中晚唐时,以贩茶而成为巨商者不乏其人。例如《广陵妖乱记》记载,吕璜"以货茗为业,来往于淮浙间,时四方无事,广陵为歌钟之地,富商大贾,动逾百数。璜明敏,善酒律,多与群商游"。《唐阙史》卷下记载,洛阳商人王可久,"岁鬻茗于江湖间,常获丰利而归"。

茶叶带来的巨额利润,使自诩不与民争利的政府也跃跃欲试。政府不断加重征税,唐德宗建中三年(782年)始税茶,旋罢,贞元九年(793年)复税,以三等定价,十税其一,税得40万缗,说明当时的贸易额已达400万缗以上。以后税率有所增加,税额逐年上升,大中年间,年税茶额达到60多万贯,文宗太和时,年收100万贯。茶税的征收和增加,反映国内茶叶贸易的扩大。唐政府还一度实行榷茶。到了宋代,茶的贸易更加发达,榷茶税收成了国家财政的一项重要收入。

茶作为一种异军突起的商品,在中国经济史上是值得大书特书的,其重要性,只有汉代盐铁、明清棉布可与之相匹敌。茶叶在唐代的影响牵涉国计民生,远远超过一般商品。据业师李埏先生讲授,茶叶,从它的生产、运销、市场等各方面来看,都具有与其他商品不同的独特性与新异性。

茶叶的突出特点是适应面广,既可以是小农家庭的细小经营,也可以是茶园大规模种植。另外它极适应于小农的个体生产,是一种天然的小商品生产,与小农经济的细碎性、分散性相一致,可以无限地细碎,小至一株两株,栽种于田塍岗边,只要有一寸土地就可以种植。既可以在丘陵种植,也可以在高山栽培,它在南方比其他任何经济作物都普遍。例如甘蔗、漆等,在南方都受到气候、土壤、地势各种条件的制约。又如瓷器,其生产主要集中于为数有限的几大名窑。而茶则可以普遍存在于穷乡僻壤,因此茶叶很快成为一项大宗商品。

这项大宗商品,又具有其他大宗商品所未曾具备的特殊社会经济意义。战国秦汉传统市场初兴时期,大宗商品首推盐铁,但盐铁都不是小农家庭个体生产所能胜任的,至少不是小农家庭所能普遍生产的,因而不能带动农民广泛涉足商品经济之中。茶叶却将个体农民广泛带入商品生产之中,因而其意义就不可同日而语。

茶叶的加工制作技术是多层次的,既可以是简单粗略的加工,也可以是精细考究的深加工。如果说瓷器足以代表当时的工艺高度,但不能代表手工业的

广度，那么，茶叶加工则既体现了手工业的高度，又体现了其发展的广度。

茶作为饮料，其必需的程度，北方超过南方，尤其是塞外的游牧民族，摄入大量脂肪，饮用茶叶极有利于消化。因此当南方茶叶的生产增加、中原的消费普及之后，饮茶之风便在塞外迅速流行，中国的茶叶源源流入塞外。中国境内农业民族与周边的游牧民族之间的交易，唐以前是绢马贸易，唐后期则一变而为茶马贸易。绢在游牧民族中的市场并不大，它受到革制品的排挤。茶叶则没有其他商品可以替代，并且只有中国南方才有生产。通过茶叶这项特殊商品，中原王朝可以对周边民族实行羁縻政策。而茶叶因为拥有塞外这个广阔而稳定的市场，它在南方的生产便持续而稳定地扩大。秦汉时期的大宗商品盐铁，缺乏茶叶那样的独特条件，没有那样广阔的市场，尤其是国外市场，因此它们的发展就难以产生茶叶那样的深远影响。

 知识链接

最早的贸易契券

早在战国时期的一些交易中就已使用契券。据《周礼·地官·质人》记载，奴婢牛马等大宗买卖，用长券，称为质；小买卖用短券，称为"剂"。券由官府制发，盖有官印，一般用竹木制成，买卖合同写在上面，一分为二，卖主执左券，买主执右券。政府设"质人"检查贸易中的契券，对不合格者没收其货物，并加以处罚。还规定处理券契有效时间，过期不予受理。长途贩运货物，亦有凭证。安徽寿县出土的4枚战国楚怀王时期的鄂君启节，就是贵族鄂君启用舟车贩运货物的通行证。

贸易的人群：商人

中国商人的成长及商人队伍的壮大可谓一波三折。一般认为，中国商品经济的发展经历了秦汉、唐宋、明清三次高潮，而商人也在这三次高潮中茁壮成长。

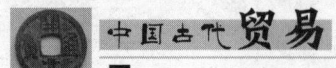

第一节
商人登上历史舞台

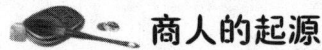 **商人的起源**

要完整准确地了解商人，就不能不溯根寻源，探索商人的起源问题。

商人作为生产者与消费者的中介人，是一个为卖而买的逐利阶层。纯粹的商人，本身并不从事生产，买来的物品也并非满足自身的消费和直接需求。商人利用地区差价，从低价的地方买来商品，运送到价高的地方贵卖，从中牟取商业利润，赚得钱财以满足自身的消费需要以及再经营的需要。商人的产生与人类交换活动的产生是紧密关联的。

人类交换活动发生很早，在原始社会前期，当社会生产力有所提高，生产的物品能够有所剩余时，交换行动就随之发生了。原始社会后期，随着社会生产力的不断提高，畜牧业与农业的分工、农业与手工业的分工，促使交换活动不断扩大，简言之，社会分工是构成商品经济的基础，也是商人产生的条件。人类早期的交换活动仅是在氏族部落之间进行，方式是以物易物，不需要交换的中介人——商人。人类交换活动仅仅是商人产生的重要前提，交换可以在没有中介人的情况下进行，但却是产生商人的温床。《周易·系辞下传》有这样的记述："包牺氏没，神农氏作，斫木为耜，揉木为耒，耒耨之利，以教天下，盖取诸益。日中为市，致天下之民，聚天下之货，交易而退，各得其所。"

这里所说的就是每当天色正午时，氏族部落之间的交易就开始了。他们将本部落的剩余物品（包括一定的剩余产品，如工具之类）拿到指定地点，以物易物地相互交换，各自得到所需的物品后欣然而退。

第二章 贸易的人群：商人

交换时间与地点的确定，是交换活动扩大的结果，这种活动已从开始时偶然的、不经常的逐渐演变为必须的、经常性的了。交换活动在氏族部落之间进行，直接参与交易者可能就是氏族部落的首领。随着人类私有制的产生，氏族部落内的成员之间也开始有了交换行动，这反过来又加速了私有制的确立和巩固。氏族内的一部分人（如首领）利用特权逐渐积累财富，从而有了贫富差别，阶级出现。

在个人之间的以物易物的交换活动中，由于物品的价值难以确定，就逐渐有了偶然充当一般等价物的产品，它们在物物交换中起着一种媒介作用，为货币——专门充当一般等价物的特殊商品的产生创造了条件。最初的货币是用什么充当的，现在难以确定，但贝曾充当过早期的货币则是确定无疑的。在中国汉字中，凡与财富、价值相关的字，大都有"贝"，如"赍、财、赎、贮、贵、贱、贸、买、卖"等字即是。

商品交换中，只有出现了货币——这一固定地充当一般等价物的特殊商品，商人才有可能插足于卖者与买者之间，参与并促成交换行动。商人的出现，使生产者与消费者两者之间可以不必直接见面，人类的交换活动从直接的变成了间接的，商业也就产生了，商人与商业的产生有着某种同步的关系。

就我国情况而言，古代典籍中虽有"舜贩于顿丘"的记载，但舜并不是专门从事交换活动的古代帝王。商人或称专门从事交换的人，在我国夏朝才逐渐产生，这时的商人只是零星的，到商朝，商人才最终形成一种势力出现于历史舞台。商人与商业的命名，与商朝的名称有着一定的历史渊源。

商的祖先名契，据说他的母亲简狄吞食了玄鸟的卵，因而怀孕生下了契。《诗经·商颂·玄鸟》有"天命玄鸟，降而生商，宅殷土芒芒"的传说。玄鸟，燕子也。所谓"玄鸟"的神话，可能是上古社会图腾崇拜的痕迹。如秦人以至以后满族人的祖先大多有吞燕卵或吞神鹊的红果而生子的传说。

简狄画像

《史记·殷本纪》记载:"殷契,母曰简狄,有娀氏之女,为帝喾次妃。三人行浴,见玄鸟堕其卵,简狄取吞之,因孕生契。"契长大以后,曾帮助禹治理洪水,因有功被舜封为司徒,掌教化百姓,赐姓子,封于商地(今河南商丘县)。传说契的孙子相土发明了马车,契的六世孙王亥发明了牛车,就到有易(约今河北易县一带)这个部落去从事交易活动。这个部落的人杀死了王亥,夺走了他的牛车。《山海经·大荒东经》有"王亥托于有易、河伯仆牛,有易杀王亥,取仆牛"的说法,描述的就是这件事。王亥之子甲微(上甲)为父报仇,向河伯借师,灭掉了有易(一说是王亥的兄弟王恒报仇)。这个传说说明了商族人的祖先在从事贩运交易中的一次挫折,《周易·旅》有"鸟焚其巢,旅人先笑后号咷,丧牛于易,凶"的卦辞,也是关于这一传说的记录。

汤是契的十三世孙,由于商业贸易的发达,商族传至汤时已是一个兴旺的小国,终于凭借其强大的经济实力灭掉了夏朝,建立了我国历史上著名的奴隶制国家商王朝。商朝传至盘庚,迁都于殷(今河南安阳小屯村),所以后世又称商为殷,或殷商连称。

在商朝 600 余年的历史中,商品生产与交换相当发达,殷墟曾出土大量的文物,除玉器和贝以外,还有一些非中原地区所产的鱼骨、海蚌、大龟甲等,这显然是靠交易得来的。同时,商朝的手工业也很发达,分工渐趋细密,甲骨文中有关酿酒、青铜冶造、织帛、皮革、舟车等记载以及大量出土的商朝文物都证实了这一点,手工业的发达必然促进商业的发展。《管子·国蓄》称春秋时的货币"以珠玉为上币,以黄金为中币,以刀布为下币",而 1958 年在殷墟大司空村的考古挖掘中,已发现了一种仿海贝铸成的铜贝,金属货币的使用是商朝商品经济发达的一个标志。

在商朝从事商业活动的主要是奴隶主贵族,也有一些小商小贩,如颇具传奇色彩的人物姜太公吕望就曾是一个小商人。《离骚》:"吕望之鼓刀兮,遭周文而得举。"《天问》:"师望在肆,昌何识?鼓刀扬声,后何喜?"都是有关吕望曾为小商人的记载。《礼记·祭义》说:"殷人贵富而尚齿。"这是当时社会情况的一个写照。

商王朝是一个迷信的国家,又是一个逐步腐化的国家,至商纣王时,甚至造酒池肉林以供淫乐,终于为周人所灭。周武王灭商以后,周公旦曾以周成王名义告诫妹邦(即商旧都附近之地)的人:"其艺黍稷,奔走事厥考厥长。肇牵牛远服贾,用孝养厥父母。"(《尚书·酒诰》)大意是说,你们要从

第二章 贸易的人群：商人

事农事，以奉养你们的父兄，农功即毕，就要去远方贸易，用交易来的货物敬奉你们的父兄。商族人经商之名在当时非常响亮，亡国之后，他们也愿意继续从事他们轻车熟路的商品交易。由于当时从事交易活动的人大多是商王朝的遗民，所以后世就把专门从事做买卖的中介人称作商人了。这种称呼最初不无轻视之意，随着时间的推移，名称固定了下来，"商业""商贩""商品"等名词也由此派生出来。商人的定名是由于商族人善于经商这一特点而来的。

此外，后世也称从事商业贸易的人为贾（音"古"），或者商贾连称。贾，《说文解字》："贾，市也，曰坐卖售也。"后世一般认为行者为商，坐者为贾。实则商、贾二字在古代典籍中应用并没有严格的区别，商贾二字一般都指商人，不分行商或坐商。

商人的崛起与沉沦

商品流通经商人的媒介演进为商业，即以商品—货币—商品为特征的以使用价值为目的的交换，发展至以货币—商品—货币为特征的以价值增值为目的的交换，为卖而买的交换是更高级的市场活动，这是市场进步的重要标志。

当消费需求与商品供给不断扩大时，在供与求矛盾的两极之间，职业商人长袖善舞，不仅为市场的发展做出了非凡的贡献，而且自身的力量不断壮大，实力雄厚的职业商人群体，蔚然形成前所未有的气象。

春秋以前的商人，多为具有某种特权的人，战国秦汉贵族商人仍不失为一支活跃的力量。例如楚王室封君鄂君启，拥有一支庞大的商队，活跃于江淮各地。其船队多时达150艘船只，运量达1800吨，车队有50乘车辆，运量500吨。不过，作为职业商人的主体，则是在农村公社解体的过程中，从齐民中分化出来的工商业者。贫富分化的加剧，使不少村社成员濒临破产。除了沦为佃农、雇农、甚至债务奴隶外，他们难道就这样甘于命运的安排吗？他们很快就发现通往富裕之路的捷径，正如《史记·货殖列传》所云："夫用贫求富，农不如工，工不如商，刺绣文不如倚门市。此言末业，贫者之资也。"事实上，与其说这是捷径，不如说是大变动、大发展时代给予他们的机遇，社会需要新型的工商业来创造新的财富，活跃新的市场。战国秦汉的商人群体，既不是享有特权、受爵封邑的世袭贵族，或者大权在握的当朝品官吏僚，也不是作奸犯科的罪犯，而是跟随时势的发展变化，在市场中辗转奔波的平民百姓，也就是原来村社中普普通通的农民。在商人群体中，既有齐民中的富人，也有起于贫困而致富者。当时的商人，尤其是盐铁大商人，其资本之巨、其财产之丰都令人惊叹。强大的经济实力，虽然仍难以给他们带来贵族、官僚所拥有的种种特权，但他们在社会上、政治上的影响，诚如司马迁《平准书》所云："凡编户之民，富相什则卑下之，伯则畏惮之，千则役，万则仆，物之理也。"有的商人役使大量劳动者，蜀卓氏"至僮千人"，有的兼并豪党之徒，"以武断乡曲"，"他们大者倾城，中者倾县，下者倾乡里"，"千金之家比一都之君，巨万者乃与王者同乐"。如果说当朝的大小品官凭借其政治权力统治着臣民，世袭的贵族依仗其特权食封受邑奴役部属，那么可以说，新兴的商人依靠自身的财力与智巧，在市场上呼风唤雨，并进而剥削民庶。

　　新兴的富商大贾及其经济实力，使统治者刮目相看，不得不利用他们的经济力量与社会影响力为巩固统治服务。春秋战国时期，大富商在诸侯面前"分庭抗礼"，即使后来千古一帝的秦始皇也未怠慢，他让乌氏巨商倮享有贵族与品官的双重地位，"比封君，以时与列臣朝请"，又为巴蜀大贾寡妇清"筑女怀台"。汉高祖迫于统一之初的经济凋敝而困辱商人，令贾人不得衣丝乘车，但不久到孝惠、高后时，"为天下初定，复弛商贾之律"。因为不仅市场需要商人，而且汉王朝也离不开商人资本的经济辅助，汉景帝平吴楚七国之乱时，就从商人和高利贷者那里获得了巨额借款，无盐氏便是其中之一。商人群体力量的壮大，成为令人侧目的社会力量，并引起其他社会阶层的艳羡，以至统治集团的嫉恨。商人大肆兼并，造成大量自耕农丧失土地，流亡失业，这就危及中央王朝的统治根基，因为自耕农是中央直接控制的人口，财税、兵员皆由此出。但汉初朝廷似乎还无力顾及商人阶层对统治造成的隐患，直到严重的财政危机来临，中央王朝与商人集团的矛盾日趋表面化、直接化、激烈化。

　　雄才大略的汉武帝，凭借汉世鼎盛的国势，开疆拓土，干戈日滋。在西南遣数万人修筑通往西南夷的道路，在北方先后派出几十万的大军，远征匈奴，大获全胜，扬威天下。然而大规模的征伐战争，耗费巨大，犒赏三军几万人次，掏空了国库。数万俘虏的生活费用，竟要汉武帝节省个人的开支来补给。此时，山东洪灾，70余万灾民嗷嗷待哺，官府赈灾费数以亿计。兵甲

第二章 贸易的人群：商人

之财，转输之费，军功之赏，加以凿渠开道，赈灾济难，耗费无穷。

朝廷与商人之间于是形成鲜明的反差："……县官大空，而富商大贾或蹄财役贫，转毂百数，废居居邑，封君皆低首仰给。冶铸煮盐，财或累万金，而不佐国家之急，黎民重困"。这种局面无疑是朝廷不能容忍的，而为了解决财政危机，政府唯有与财富所有者进行争夺。于是，不可避免地，一场打击商人、争夺财富的经济运动全面展开。

青年汉武帝不愧为一代枭雄，他从商人阶层选拔了一批"兴利之臣"，来为他聚财敛物出谋划策。咸阳是齐国的大盐商，孔仅是南阳铁冶巨头，桑弘羊是洛阳商贾世家，他们都是年轻有为，不仅经商有道，致财千金，而且"言利事，析秋毫"。杰出的商人依仗人君之势，岂不如虎添翼？果然，他们聚财兴利，出手不凡，为汉武帝制定了一套措施，并以商人的手腕，凭借政治强力，大刀阔斧地在全国范围内全面推行。主要措施有：

算缗。扩大"算"的范围，算，即税也。汉朝原来向商人征收的税是营业税，现在除继续征收营业税外，加征资产税，并扩大征税面，加强征收力度。让商人自行清算财产总数，申报官府，如实纳税。"异时算轺车、贾人缗钱皆有差，请算如故。诸贾人、末作、贳贷、卖买、居邑稽诸物，及商以取利者，虽无市籍，各以其物自占，率缗钱二千而一算；诸作有租及铸，率缗钱四千一算"。

告缗。纳税隐瞒不报或自报不实者，鼓励检举告发违反算缗令者。告发属实者，以没收财产的一半奖赏；被告者，戍边一年，没入缗钱。由酷吏杨可主持告缗，杜周负责治罪。这一法令实施后，"杨可告缗遍天下，中家以上大抵皆遇告。杜周治之，狱少反者"。后来还实行"株送徒"，追究犯人，使之招供，牵连同党，结果牵引出数千人。

盐铁官营。孔仅、咸阳主持盐铁事务，开始时推行的是官民合办的形式。由官府提供器具，安排粮食，招募商民生产。后来在天下各郡县设立盐铁官署，任用盐铁富商为吏。严禁私人生产，"敢私铸铁器、煮盐者，钛左趾，没入其器物"。

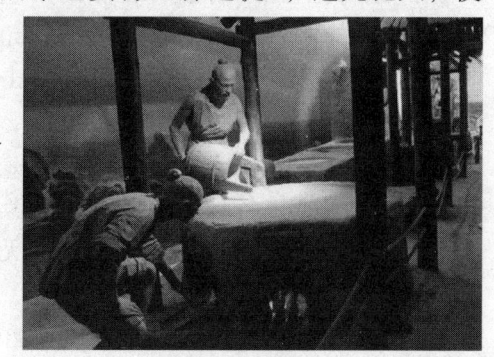

古人煮盐图

35

均输平准。各郡县置均输官，调运地方贡赋和商贾所转贩的其他商品，又"开委府于京师，以笼货物，贱则买，贵则卖"，此为平准。"令远方各以其物贵时商贾所转贩者为赋，而相灌输。置平准于京师，都受天下委输"。均输平准其实是对各地市场的一场掠夺，《盐铁论·本议第一》载贤良文学评论道："间者，郡国或令民作布絮，吏恣留难，与之为市。吏之所入，非独齐、阿之缣，蜀汉之布也，亦民间之所为耳。行奸卖平，农民重苦，女工再税，未见输之均也。"各郡县农官转输粮食、纺织品，一年之中，均输布帛达 500 万匹，山东各地官府漕粮增加到一年 600 万石。

此外，禁止有市籍的商贾及其家属凭户籍占有田地。敢有违犯者，没收其田产与童仆。武帝还接受主父偃的建议，迁徙豪富强族。主父偃说："茂陵初立，天下豪杰并兼之家，乱众之民，皆可徙茂陵。内实京师，外销奸猾，此所谓不诛而害除。"于是，元朔二年夏，徙郡国豪杰及赀 300 万以上于茂陵。

对于商人而言，这是一次全方位的掠夺、打击和摧残，算缗、告缗是夺其财，均输平准是分其利，如果说这些是断其流，那么管榷则是竭其源。盐、铁、酒、铸钱，是当时商业利润最丰厚之所在，把这些大宗商品从生产到流通各环节全部实行国家经营，截断了其赖以生存的基础。

汉武帝、桑弘羊的这一次大规模打击商人运动，绝非中国历史上一般的抑商政策所能比拟，它使初兴的职业商人遭受了史无前例的灾难。其打击面之广，程度之深，纵观中国历史，大概无出其右者。它对商人与市场的影响，也绝不只是一时的挫折而已。这次打击，使商人的力量骤然衰落，长时期内一蹶不振，并且在以后数百多年内一直未能恢复此前之盛况。它是一个时代的结束，标志着中国市场史上第一个高峰期至此画上了一个句号。

应该指出，商人遭受汉武帝的打击而一蹶不振，市场骤然衰落，一方面固然是因为打击措施之厉、程度之深，另一方面也说明，初兴的传统市场是相当脆弱的，职业商人风云一时，却是不稳定的，唯其如此，市场和其中的商人没有力量抵抗各种因素的干扰，其生命力还很脆弱，仍是刀俎之下鱼肉的角色。因此，一受到强力干预，便无能为力，商人顿时萎靡，市场逆转直下。结合史实更可以看出，汉武帝后，商人迟迟未能重振旗鼓，卷土重来，市场发展也未能东山再起，它不仅不能以自身的力量去影响和改变社会经济，相反，在汉末魏晋南北朝时期，随着社会经济的变化而长期在低谷中徘徊。

第二章 贸易的人群：商人

这一切充分说明，春秋战国之交诞生的中国传统市场，虽然能取得初兴的硕果，却还没有走上成熟稳定的发展道路。迟至数百年后，经两宋时期市场的再度繁荣，才步入定型和成熟的阶段。

唐代政府对商人的抑制

唐代是中国封建社会经济发展的繁盛时期。社会生产力的高度发展，包括商业与高利贷活动交换经济的发达，使唐代社会在诸多方面都呈现了以往所没有的景象，说明中国封建社会在迈向一个新的发展阶段。

唐封建政权在这种新的历史环境下，怎样采取对商贾的政策？毫无例外，唐封建政权继承了传统的"重农抑商"政策。

在唐王朝的抑商政策下，政府对于商贾所进行的商业活动在时间、空间等方面都有严格的限制和控制，商贾被称为"贼类""杂类"。法律规定："食禄之家，不得与下人争利。工商杂类，不得预于士伍"（《旧唐书·食货志》）。高宗时，"禁工商不得乘马"。中唐以后，一些士流仍然坚持着"工商之子不当仕"的原则。由此可见，商贾在政治上受到压抑、排挤和蔑视。

唐武德六年（623年），按资产定户为三等，九年改为九等，以户等征收户税，商贾等级即被列为上等户。唐玄宗天宝敕令中把他们的地位和"贫乏之人"加以区别，防止其改易户等，逃避户课。这种"重农抑商"思想可以说是贯彻于唐朝统治者的行动。代宗大历四年（769年），敕令更对商贾加税二等，"其百姓有邸店、行铺及炉冶，应准式合加本户二等"。由此，从他们的户等即可知国家对其科责很重，即"依令，凡差科先富强，后贫弱"，商贾的差科当推于前列。

安史之乱后，唐政府财政上捉襟见肘，窘困已极，在江淮、蜀汉等地大肆掠夺富商，所有"豪商富户，皆籍其家资，所有财货畜产，或五分纳一，谓之'率贷'，所收巨万计，盖权时之宜。其后，诸道节度使、观察使多率税商贾，以充军资杂用。或于津济要路及市肆间交易之处，计钱至一千以上，皆以分数税之。自是，商旅无利多失业矣"（《通典》卷11）。政府和地方长官不仅对商贾在诸道津要地方通过的货物课税，并且对他们的买卖也加以课税，甚至税及死者，商贾受到严重苛剥。两税法实行之初，法令规定："为行商者，在所州县税三十之一，使与居者均，无侥利"（《资治通鉴》卷266）。

37

第二年又"以军兴,十一而税商";而社会普遍需要的如盐、茶、酒等物品,均由国家集中经营或实行专卖,限制商贾获利。对商贾危害更大的是自贞元以来的"宫市"之扰。这种名义上出钱买物,而实际上是掠夺的恶劣手段,使商贾备受其害,致使他们的经济活动很难有所保障,商贾和唐政府及地方长官存在着尖锐复杂的矛盾。因此,他们有时和唐封建政权的经济榨取展开斗争。宪宗至文宗时期,为改变钱重物轻给农民和小手工业者所带来的倍输、三输之苦,保证国家税收,朝廷屡禁销钱为器,禁止商贾积贮货币、禁止货币流通、市面交易兼用钱帛、纳税用谷帛等,均由于工商业和商品流通的不断发展,及商贾势力的膨胀与群起抗拒而告失败。而中唐以后的政府为确保权利所得,更对私贩盐、茶者以极刑惩办,贩卖私盐两石以上就要处死;私卖茶"三犯皆三百斤乃论死";私酤酒者竟要连累数家,没收财产。由此造成这些私贩的极大反感,进行武装走私和唐政府对抗,并成为唐末农民起义队伍中的一支重要力量。起义领袖黄巢、王仙芝均为私盐贩出身,他们的积极反唐,与唐政府的抑商政策有着直接或间接的关系。

唐代统治者的"重农抑商"思想和政策,在唐前期,对巩固封建制度起了一定的积极作用;但随着经济的发展,其消极作用日益增加。而封建制度的许多致命弱点也决定其不可能从根本上来长期抑制方兴未艾的商业势力,并且,经济发展总是毫无例外地和无情地为自己开辟道路,迫使政治权力往往在相当程度上和一定范围内对经济发展干涉无力和不得不采取适应措施。两税法实行后,更促使农村与市场广泛联系,造成农产品的商品化,导致了城乡贸易的兴隆和商业的集中及商品生产比重的增加。交易买卖的空前活跃,使商业市场不断扩大,商贾所进行的商业活动,在时间、空间等方面均有了显著的突破。商贾唯利是图的特点,贱买贵卖的法则,欺诈掠夺兼施的手段,以及强烈追求财富的欲望,不畏道途的艰辛、困

唐玄宗

厄，展开旺盛的活动，这使得唐代商贾的经济力量蒸蒸日上。唐代商贾凭其雄厚的经济力量，利用各种途径和手段广泛地大量入仕，猛烈冲击了封建身份等级和门阀观念，是促成门阀士族制度趋于"寿终正寝"的一个重要因素。中唐以后，国家既重视工商业的税收，也重视直接经营工商业的收入。唐封建统治者还出于财政、社会、政治等方面的利害关系，在很多情况下不仅给商贾的商业活动提供诸多间接的便利，还直接给商贾以种种优待和保护。这就是说，封建统治者一方面要对不利于自己经济基础的因素加以消极的限制，另一方面也懂得还必须为自己经济基础的巩固和发展做出积极的努力。

物以类聚商以帮分

因为长途贩运过程中困难重重，危险丛生，再加上政府对商业的一再抑制，商人开始团结起来，以同业、同宗、同乡的关系，结成团体，形成商帮，俗称"客帮"。子贡"结驷连骑"，是马帮；范蠡"乘船浮海"，是船帮；史师"转毂以百数，贾郡国，无所不至"，是车帮。左思在《吴都赋》中亦说，商人们结成"商队"行动。南北朝时期，东来西去的商人成群结队。《晋书·刘隗传》记载，隗从弟畴"曾避乱坞壁，贾胡百数欲害之。畴无惧色，援笳而吹之，为出塞入塞之声，以动其游客之思，于是群胡皆垂泣而去之"。"贾胡百数"同行，不但无人敢惹，且可以伤害少数。唐代，商人们外出贩运货物要结成商帮。唐崔融在《谏税关市疏》中记载，"若乃富商大贾，豪宗恶少，轻死重义，结党连群，暗鸣则弯弓，睢眦则挺剑，少有失意，且犹如此。"元稹诗中所谓"钩钜不敢下，下则牙齿横"，正是因为商人结党连群，挟弓带剑之故。

明清，出现许多商帮（客帮），有京帮、津帮、山东帮、山西帮、陕西帮、宁帮、绍帮、广帮、川帮等，当时的资料对一些商帮的活动有生动描写。

徐珂在《清稗类钞》第五册《山西行商有车帮》中写道："晋中行商，运货来往关外诸地，虑有盗，往往结为车帮，此即泰西之商队也。每帮多者百余辆，其车略似大古鲁车。轮差小，一车约可载重五百斤，驾一牛。一御者可御十余车，日入而驾，夜半而止。白昼牧牛，必求有水之地而露宿焉，以此无定程，日率以行三四十里为常。每帮车必挈犬数头，行则系诸车中。

止宿，则列车为两行，呈椭圆形，以为营卫。御者聚帐篷中，镖师数人更番巡逻，入寝，则以犬代之，谓之卫犬。某商铺所畜之犬尤猛，能以鼻嗅，得宵人纵迹，遂以破获。"

该书还说："赴蒙贸易的内地客商亦都是以牛车载货物赴库伦、科布多二城，辄联数百辆为一行，昼则放牛，夜始行路。一人可御十车，铎声琅琅，远近数十里都能听得到。赶车的都是蒙古人，暇则唱歌。汉蒙交易，大多采取以物易物方式。汉人赊物给蒙人，不立券，至期无不还者。亦有蒙人出资，汉蒙共同经商者，每年结一次账。蒙人外出经商，往来均在平素与之贸易的商店中食宿，饮食费用都由商店供应。"

青海商队则别具特色。每到冬天，入内地经商者，结伴驱驼马牛羊，使负域中物产，踏冰而渡，赴边境城镇购买粮茶布匹。在路上行走，不携带锅和帐篷。中途露宿，披氇衣，拳手足，倚着牲畜打盹。饥饿时，人喝羊奶，牛马吮冰，没有食物。不可一处宿，不敢通宵睡，且行且止，一夜换几个地方。每次开始行走，有一两个熟悉地理、识冰性的为前导，验有水浅冰坚之处，令众人卸装休息。相距要疏远，占地要广大，有人轮番巡逻。若遇冰融水淹，呼众起，行一程，再歇息。否则，人畜气聚，冰块易破，非常危险。

马帮雕塑

第二章 贸易的人群：商人

常往来冰上的驮马，亦识冰性，停息片刻，便仰首长鸣，把人叫醒而继续前行。

马帮承担着云南省2/3以上的货运任务。马帮由民间合伙，各提供数头马匹，或由商人地主等出资组成。马帮主要由帮主和马夫构成，一般五头驮马为"一把"，五把为一小帮，由一"小锅头"负责，几个小锅头由一大锅头统领。马帮的大小根据货运量的多少而定，马帮主要从事长途贩运，其行动路线在坝子之间的连线上展开，与伊洛瓦底江、红河、金沙江、右江等水路的上游相衔接，并同省外和国外的市场连为一体。马帮贩运的多是茶叶、丝绸、药材、烟草、棉纱、布匹等产品。一般自有资金不足时，昆明、思茅等城市的大商帮、商号为其提供。

全国各地都有牲畜的长途贩运贸易。不仅西北地区有频繁的茶马贸易，东南地区也有热闹的贩牛活动。每当夏末，商人们将浙江黄岩的牛贩往天台山地区，两地相距300来里。一般一个人赶两三头牛，十几头牛一群，商人们结伙同行。给牛蹄穿上特制的草鞋，予以细心关照，以免磨破耽误行程。沿途且走且停，在专设的地点歇息。牛市上聚集着数十头牛，熙熙攘攘，十分热闹。

江海上的贩运商结成船帮，运盐的有盐帮。在清代时，作为两淮（淮北、淮南）盐总汇的长江下游的仪征十二圩，有大小驳船近200艘，停泊在岸的江船（装运盐的船的统称）2000余艘。江榕甫在《论食盐船文》中描写：十二圩之江船"列樯蔽空，束江而立，覆岸十里，望之若城郭"。依靠江船为生的船民水手等约数万之众，这些船主和船工为了维护自身的利益，按地区归口归帮，成立自己的组织，团结一致，共同对外。

另据蒋顺兴的《徐宝山生平》（载于《扬州文史资料》第2辑），以徐宝山为首的私盐贩子，拥有盐船700余只，组成一个大帮，他们以十二圩为基地，从两淮贩盐至江南各地发售。官兵畏其凶悍善斗，不敢阻拦，且与之勾结，共同谋利。一般先由帮会派人和港口缉私官兵接洽，等大帮盐船将抵港口时，缉私队伍出来巡逻，待盐船浩浩荡荡开走后，巡逻官兵开枪，盐船也假意抵抗，并丢下一些盐包，让缉私头目去报功领赏。

海商则冒着"充军处死"的危险，"结党成风，造船出海，私相贸易"。

商帮的资本组织形式是多样的，一般是以一个大商人为主。有的是大商人出资本，伙计出力，合伙结营，晋商多采取这种形式。有的是独资经营，自负盈亏，闽广海商多用此方式。有的是共同出资、共同经营、共负盈亏。有的是几个资本所有者合股委托一个资本经营者经营。有的是贷本经营，徽商中有不少采取此方式的。

无商不奸

"无商不奸"是人们长时期形成对商人的一种基本看法。甚至在发展社会主义市场经济的今天，人们还对从事流通和商品活动的人抱有成见，由此足见其影响之深。究其根源就在于封建统治者长期以来采取抑商和限制商品生产政策的结果。根除这种观念也非一日之功，也只有在长时期商品生产的实践中逐步得到解决。我们了解一些这方面的历史，并系统说明它产生的原因和对社会经济的危害，对于破除旧的观念来说很有意义。

在封建社会形态里，以商品资本为中介的商品流通并不是遵循等价交换原则的。商人是从贱买贵卖中获得利润的，不等价交换乃是这种商品经营的必然规律。在这种经济形态下，由于生产者与消费者之间不能直接进行交换，需要商业资本从中完成交换过程，这就为商品资本通过不等价交换获取利润提供了条件和可能。商人一方面通过贱买从生产者那儿取得商品，另一方面又通过贵卖把商品推销给地主、贵族和官僚等消费者。在这个一买一卖的过程中，商人就从手工业小生产者那里剥削取得剩余价值，又从剥削阶级那里占有了另一部分价值，而作为消费者的广大农民和城市平民也要受其剥削。要求商人进行等价交换无疑就是否定封建社会中的商品，所以恩格斯说："商业就是一种合法的欺诈"（《马克思恩格斯全集》第1卷）。

早在战国时期，中国就有一批富商大贾长于精细盘算，积极钻营，在生产过程中降低产品质量，以次充好；在流通环节上囤积居奇，投机倒把，操纵物价。他们不断扩大自己的商品资本，积累了数不清的钱财。虽说这种不等价交换的破坏性是显而易见的，但我们也不能以此就完全否定商人和商业资本对社会发展所起到的积极作用。通过商人的贩运、吞吐，可起到互通有无、调剂余缺、平衡淡旺季节、调节丰歉年、平衡供求关系等多方面的作用；同时亦工（农）亦商者还为社会提供了新产品，改进了生产技术，开发利用了自然资源，既增加了个人家庭财富，又增添了社会财富和国家税收。这些功能都是由商业资本完成的。因此，商业资本具有两重性。在实际生活中，

第二章 贸易的人群：商人

也不是所有的商贾皆贪，我们要看到商业和商人的这种两重性。

人们在很早的时候也是把商人分成两类的，一类是诚贾良商，一类是贪贾奸商。人们曾对那些不居奇、不炫卖的诚贾良商给予肯定和赞许，说"良商深藏若虚"（《史记》）；又说"夫良商不与人争买卖之贾，而谨司时。时贱而买，虽贵已贱买；时贵而卖，虽贱已贵矣"（《战国策》）。从社会发展的需要来看，人们要求"非诚贾不得食于贾"是正当的。其实，诚贾与奸商都是从贱买贵卖之中取得收入的，只不过一个是较有节制、较少欺诈，并把所得利润限定在了一个人们可以接受的范围内；而另一个则是贪得无厌、重利盘剥，剥削率过高以致引起人们憎恨而已。

在中国古代，人们并不是把奸商与商人完全画等号的，而是把奸商作为商人中的一部分来看待。既然奸商不完全等同于商人，那么商人就有诚贾良商，如白圭就是被人们称道的良商代表。

白圭是继计然、范蠡之后的封建大商品经营家。他在商业实践中总结出了一套经商术，为后世所乐道。白圭主要从事农副产品贸易。他乐观时变，经验丰富，采取的办法一是"人弃我取，人取我与"，他巧妙地利用季节差价的变化吞吐商品。"岁熟，取谷，予以丝漆"，在粮食收割大量上市的季节，此时粮价下跌，他把农民多余的粮食买进来，并卖出丝漆；"茧出，取帛絮与之食"，当蚕茧上市时就大量收购丝绵和丝织物，同时出售粮食。二是利用丰歉年的价格差，丰年粮价低时买进，歉年粮价高时卖出，并收购农民的手工业产品。白圭的经商之术就是利用年岁的丰歉和季节差异所造成的价格变动进行吞吐，从中获取利润的。他把一时供过于求、社会尚不迫切需要、也是价格便宜的商品大量购进，而当社会大量需要、求大于供、价格上涨时再抛售出去，从中取得较大的差价率。

白圭善于掌握经营时机也是基于他对农业生产周期变化观察的结果。他认为农业收成与气候有关，由于气候有循环，丰歉也有波动。大约是十二年形成一个周期，其中包括有两个丰年和两个旱年。第一个大丰年后，年成就逐年下降，到第四年是旱年，旱年后两年逐渐好转，到第七年又是丰年，接下去先两年收成不好，到第十年是大旱年，接着年成又转好，但在第十二年有水灾。如此转入到下一个周期。他认为三年是一个小周期，并按此循环规律预测商情，制订经营规划，从丰歉年的价格差率中取得高额的利润。但据中国社会科学院经济研究所吴慧研究员推算，白圭的商业经营年利平均利润

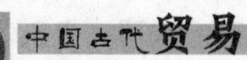

率也不过12%。由此可见，白圭的经商术一是利用供求关系变动引起的价格变化规律，二是善于预测，把握时机，适时进行商品贱进贵卖，除此之外还有一条就是坚持薄利多销的原则。他说"欲专钱，取下谷"。经营农副产品虽价不高，但由于是人们生活的必需品，成交量大，且弹性小，风险也小，即使不抬高价格也能取得很大的利润。白圭在谷贱大量购进之时不过分抑价；谷贵时及时售出也不过分抬高价格，仍然能成为百万富翁。他受到消费者的赞赏，取得了很高的商业信誉。

白圭不是慈善家，也不是出于良心好和道德高而做诚贾的。他这一套经商之术的目的仍然是谋取利润，只不过经营剥削的方式不同，每一笔交易的剥削量较少，在手法上更为隐蔽缓和而已。但不管怎么说，白圭的一套经商之道比之贪商来说，毕竟使商品的不等价交换程度缩小了，这对农民和城市手工业者来说也是有利的，对促进生产发展的作用也是明显的。据说，为增加粮食货源，白圭还主张"长斗石，取上种"，选择优良子供给生产者。另外，古人还说他是个知名的水利专家，有"白圭无水难"之说。这种把发展商品建立在发展生产之上的见识和做法是极为难得的。白圭的经商之术一直为后世所推崇，司马迁说"天下言治生者祖白圭"。

白圭虽为后人所尊崇，但白圭的经商之道，后世商人想学也不好学。像白圭这样的人并不多，贪贾奸商充斥商界，形成了对社会经济发展的破坏力量。于是，无奸不商、为富不仁成为对商人的基本评价。

知识链接

商人出资助军需

凡遇有大的军需，其粮饷等有相当的部分是来自商人，这就是所谓的助饷，此举也是以盐商参加最为积极。据记载，凡政府有军事行动，商人出资"报效"已成定例。清朝建立后，国内的军事举动一直不断，乾隆

第二章 贸易的人群：商人

皇帝自称其有"十全武功"，表明军事行动的频繁，而频繁的战事耗尽了政府的财力。于是为了取悦于政府，商人们便主动拿出钱物支持政府。据官书上称："乾隆中金川两次用兵，西域荡平，伊犁屯田，平定台匪，后藏用兵，及嘉庆初川，楚、陕之乱，淮、浙、芦、东各商所捐，自数十万、百万以至八百万，通计不下三千万。"其实商人们也有着自己的考虑，他们的财富来自盐业，经营盐业离不开政府的支持，有时他们就是凭借着政府给予的特权而业盐致富的，所以拿出钱来支持政府，对他们来说是一桩不亏本的买卖，事后政府会给予他们更多的特权，会赚得更多的钱财。

第二节
中国古代的商界巨子

首位经商的文人

公元前5世纪初，在来往奔走于曹鲁之间的商人队伍中多了一位风度翩翩的书生。人们惊奇地发现，这不是孔子的得意门生子贡吗？孔门弟子弃文从商的消息不胫而走，家喻户晓，人们争先一睹他的风采，购买他的货物。

子贡，姓端木名赐，字子贡，春秋末年卫国人，生于公元前520年，小孔子31岁，《论语》中他被提及38次。他与颜回、子路并称为孔子三大著名弟子。

子贡师事孔子，使他养成了尊敬师长、谦虚谨慎的优良品德，在维护孔子形象和名誉方面不遗余力。一次，有个生平最见不得孔子学说的人当面为难孔子，看着老师受到诽谤，子贡挺身而出，反驳道："任你怎样说，我们先生是毁谤不了的。别人的伟大只是像山丘一样，只要经过努力，一般人就可以逾越他。我们先生孔夫子的伟大，则像天上的太阳和月亮一样，无人能够超越。"

一个名叫叔孙武叔的人对鲁国大夫说，子贡比孔子还要贤良高明。子贡听说后，十分不安，坚决予以辨正，他说："我和先生，就好比房子外面不同的两堵围墙一样，我的围墙只有肩膀那么高，人家毫不费力就可以看到围墙里面的美好。而我们先生的围墙有好几丈高，不从他的门进去，是看不见里面的美好东西的。很少有人能登堂入室，真正理解先生的学问。叔孙武叔有那样的看法，也是十分自然的。"

公元前479年，孔子去世，众多弟子在孔子坟上守墓三年。三年期满，其他弟子相继离开，子贡还不忍离去，又独自守了三年。

子贡尊师重道的品德与当时杀父弑兄、礼崩乐坏的风气形成了鲜明对比。子贡的所作所为，在人们心目中留下了深刻美好的形象，也为他从商活动带来了许多便利。真正说起来，子贡实际上是一位政治家出身的经商奇才。

子贡墓

公元前489年，齐国田常率军来犯，鲁国危在旦夕。当时的鲁国是个小国，处在晋国、齐国和楚国三大强国的夹缝之中，常常遭到这些大国的欺侵。鲁国又是孔夫子的祖国和祖坟所在，孔子自然十分着急。子路、子张、公孙龙等孔门弟子纷纷毛遂自荐，请求出使齐国，制止侵犯。孔子十分了解他的学生的才能，他明白只有子贡才能担当此任。

子贡到了齐国，指责田常说："你讨伐鲁国实在是大错特错。鲁国本来是个地狭兵弱的小国，我不知道消灭鲁国对你会带来什么好处。如果讨伐吴国，对你则是有益无害的……"如此这般，终于说得田常放弃了伐

第二章 贸易的人群：商人

鲁的念头。他又来到吴国，对吴王说："齐以万乘之国却去攻打弱小的鲁国，现在是吴国伐齐救鲁建立霸业、扬名天下的时候了，机不可失，时不再来，望大王三思！"说得吴王心花怒放。子贡又马不停蹄来到越国，对越王勾践道："吴国是越国的死对头，现在它要去攻打齐国，如果败给齐国，此乃越之大幸。如果侥幸取胜，我们越国可联合晋国，一举打败吴国。"越王勾践大喜，赠给子贡黄金百镒，宝剑一把，良矛两支。

正如子贡预言的那样，齐国伐鲁不成，反而被吴国打败，吴王乘胜又去攻打晋国，却被晋军所败，越国乘机出兵吴国，包围王宫，杀死夫差，灭了吴国。司马迁称赞道："子贡一出，存鲁，乱齐，破吴，强晋而霸越……十年之中，五国各有变。"

公元前488年，鲁哀公与吴王在鄫（今山东峄境内）会盟。在会上，吴王竟提出鲁君给吴国送牛、羊、猪各100头作为祭品的无礼要求。鲁哀公不敢拒绝，又不愿答应。身为鲁大夫的子贡，再一次显露出他的才华，说服吴王放弃了无礼要求。他对吴王说："送那点东西，对鲁国来说不成问题，可我害怕君王不敢接受呢！试想，吴国和鲁国都是周天子的侯国，地位完全平等，两国都有义务给周天子贡送礼品，哪有鲁国给吴国送礼的道理？再说，当今各国都在寻找进攻别国的借口，不正给一些国家攻打吴国提供了借口吗？这样下去，吴国灭亡的日子已为时不远了。"吴王只得罢休。

这两件事，为子贡赢得了极大的声誉，子贡成了鲁国的救星，成了人民心目中崇拜的偶像。这样一位政治上颇有成就的儒家人物，也是一位经商能手。

子贡的经商活动，由于受历代重农抑商思想的影响，对其活动记载甚少，但对其成功的经验却有不少记载。

子贡十分重视市场预测。这一点也是深受儒家思想中的"凡事预则立，不预则废"的影响。他在经营某种商品之前，早已掌握了市场上对该货物的需求量及其价格，他敢于做那些别人不敢做或没开始做的生意。当时人们对他十分佩服，连孔子也不禁夸奖他："子贡真有本事啊！他能不依赖官府的帮助，就能准确估计商品的贵贱，并且屡猜屡中，可真谓了不起！"此言出自"罕言利"的孔子之口，确实说明了子贡经商术的高明。

子贡经商另一高明之术就是所谓"好废举"。这其实是对市场预测的具体运用，他当时已认识到某种商品价格下降并不一定是需求量的减少，而是因

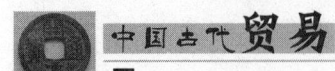

为从事这一货物经营的人增多,货源增加,供过于求,价格必然下降。因而当货物价格下跌,别的商人把这些货物当作不赚钱的东西急于出手时,他却大量收购回来,等待时机。待过了一段时间,经营者越来越少而需求量并未减少,价格必然上涨,不值钱的东西很快又成了赚钱的东西。人们形象地称子贡这种颇为独特的经营方式为废举。

子贡善于处理与各诸侯国的关系。春秋末年,侯国林立,各国都有自己的商业政策,他们的君主极力反对自己国家的货物外流。子贡充分认识到这一点,他利用自己的声望和影响,从而使他的货物在各国能畅行无阻。他把鲁国的盐,北方的皮革贩运到南方,又从南方运回木材和大米,很快成为天下闻名的大富翁。每到一国,各国诸侯王"莫不分庭与之抗礼"。

子贡认为经商要有雄厚的资金。试想"废举"经营方式,如果没有雄厚的资金作保证,是根本不可能的。

子贡在经商中的成功,也使他的老师孔子的声望日益显赫。司马迁早就意识到了这一点,从而发出"使孔子名望扬于天下者,子贡先后之也"的感叹。"渊深而鱼生之,山深而兽往之,人富而仁义附焉"。一生经历坎坷,屡不得志,屡屡失意的孔子,在九泉之下,面对弟子的成功,该做何种感慨呢?

商圣: 范蠡

范蠡,字少伯,春秋时期楚国宛(今河南南阳)人,过着"苟全性命于乱世,不求闻达于诸侯"的隐居生活。后来被楚国宛令文种发现,步入仕途。但忠臣伍尚被楚王杀害的事实,给范蠡的心头蒙上了阴影,他认识到楚国的衰落和政治的黑暗,最后说服文种,一起投奔越国,成为越王勾践的重要谋士。

公元前496年,越王允常死,子勾践即位。吴王阖闾趁机兴师伐越。双方战于槜李,吴军大败,吴王阖闾也身负重伤,不久病死,临终前叮咛其子夫差一定不要忘记复仇。勾践即位后,看到吴军日夜操练,秣马厉兵准备报复,便不顾范蠡等人的劝告,决定先下手为强,率兵向吴师作战。夫椒之战,越兵大败,勾践率残兵败将5000余人被吴王夫差围困于会稽山上。

勾践惭愧地向范蠡求教:"我因为不听先生的话才到了今天的地步,我该怎么办才能摆脱困境呢?"

第二章 贸易的人群：商人

范蠡答道："事到如今，也没有别的办法，只有俯首称臣，乞求吴王的宽赦了。"

同时文种又用美女、宝器等向吴国太宰嚭行贿，终于得到了吴王的赦免。为了解除吴王的戒心，范蠡志愿去吴国作人质，两年后才为吴王放回。经过20多年卧薪尝胆，在范蠡、文种辅佐下，越王终于消灭了吴国。

越王勾践雪会稽之耻，建立霸业后，自然没有忘记为他取胜立下汗马功劳的范蠡，封范蠡为上将军，又将会稽山赏赐给范蠡作为奉邑。然而使人意想不到的事情终于发生了，范蠡竟驾船逃走，永远离开了越国。

范蠡画像

范蠡清醒地意识到功高震主是十分危险的，他与勾践相处20余年，深知勾践的为人，深知勾践是一个可与同患难而不能共安乐的人，因此逃离会稽。事实证明范蠡此举是十分明智的，文种因为不听范蠡的劝告，最后被勾践处死。

范蠡来到齐国，隐姓埋名，自号"鸱夷子皮"，鸱夷是用生牛皮制成的袋子，吴王杀死忠臣伍子胥后就曾将其尸体装在鸱夷之中。范蠡用此命名，意思是说他本来也和伍子胥的命运是一样的。

他在齐国辛勤耕作，并将他在越国从政时的"计然之策"运用到商业领域，很快获得了巨大成功，"居无几何，致产数十万"。所谓"计然之策"主要有以下内容：

（1）"旱则资舟，水则资车"。范蠡在越国时曾主持"平粜"之事。即在丰年由政府收购多余粮食，到荒年再平价卖给农民，他认识到丰年和荒年变化是有一定规律可循的。一个成功的商人必须有远见卓识，水灾来临时，就要考虑到旱天必定到来，对车的需要一定增加，就应该着手准备做车的生意，这实际上是对市场动态要提前做出正确的预测和判断。

（2）"贵出如粪土，贱取如珠玉"。两千多年前的范蠡，已隐约察觉到了商品价值与价格的关系，认识到商品价格不能偏离价值太远。"贵上极则反贱，贱下极则反贵"。当商品价格高到一定程度时，就要当机立断，快速出

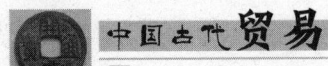

售,"无能居贵"。反之亦然,过分等待高价,会错过时机。

(3)"无息币"。用今天的话说,就是要加速资金周转,做到"财币欲其行如流水",才能使"不尽财源滚滚来",获得更多商业利润。

(4)"务完物"。就是要高度重视商品质量,采购的商品务必完好无损,"易腐败而食之货"千万要小心,不能久留。

在这些商业理论指导下,范蠡在经商活动中,财运亨通。巨大的财富为范蠡赢来极高的声望,他很快被齐人推举为相,又一次被历史潮流推上政治舞台。

范蠡身居相位后,寝食不安,在他看来"居家则致千金,居官则至卿相",这已是布衣百姓一生的顶峰了,久居尊位,未必有益,不如见好就收,激流勇退。于是他归还相印,将他的万贯家产分给了亲朋好友和邻里乡党,又销声匿迹了。

范蠡来到陶邑(今山东定陶境内)。这里北临济水,东北菏水沟通泗水,济、汝、淮、泗之间构成水道交通网,而陶邑正处于这个交通网中间。这里的陆路交通也十分发达,由此向东北是商业发达的卫国,向东是齐国和鲁国,向西是魏国和韩国。得天独厚的地理位置使陶邑成为"诸侯四通""货物所交易"的"天下之中",成为万商云集的工商业大都会。远见卓识的范蠡发现这里正是他大展宏图、建功立业的理想场所,于是定居下来,与其子从耕畜起家,继而经商,"侯时转物,逐什一之利",短短几年"致货累巨万",成了名符其实的亿万富翁。天下人尊称他为陶朱公,陶朱也成了财富和富有的代名词。

商祖:白圭

战国中期以后,商品经济比前代有了明显发展,商业贸易活动日益活跃。"用贫求富,农不如工,工不如商,刺绣文不如倚市门"。商品观念和商品意识深入人心,财富成了人们羡慕追逐的对象,子贡、范蠡成了当时人崇拜的偶像。时代发展,呼唤新一代自由商人,在这种环境下,杰出的实业家白圭出现了。

白圭,名丹,本是周人,与孟子是同时代人。他看到周天子地位名存实亡,日益衰落,就离开周国,来到了势力强大的魏国。当时正值魏惠王执政,

第二章 贸易的人群：商人

将都城迁到了大梁，政治上颇有一番作为。白圭在魏国步入仕途后，他的才能很快得到魏惠王赏识，被任命为相国。

白圭在担任相国期间，对当时各诸侯国普遍施行的"什一之税"赋税制度提出怀疑，主张减轻田税，变"什一之税"为二十税一。马克思曾指出，"强有力的政府和繁重的赋税是同一概念"（《马克思恩格斯全集》第8卷第221页，1961年版）。当时战国七雄已形成中央集权的大国，战争不断，封建财政支出十分庞大，各诸侯国不可能不对人民课征重税。他的这种主张，虽然对下层劳动人民和商人阶级有利，但无疑损坏了统治者的利益，甚至连主张轻徭薄赋的孟子也出来反对他的观点，抨击二十税一是野蛮人的做法。他的主张是重用他的魏惠王所不能容忍的，他不得不辞去相位，弃政从商。

白圭还是战国时期著名的水利专家，担任相国期间，十分重视水利建设，调动了大量人力物力财力修筑堤防。当时中原规模最大的水利工程，沟通黄河和淮河两大水系的鸿沟，据史书记载是由白圭主持修建的，韩非子曾称赞"白圭无水难"。

白圭为相的魏国都城大梁距范蠡曾定居过的陶十分接近，受范蠡的影响，步入商界的白圭有一套相当完整的商业致富理论。他认为年成好坏与岁星运行有密切关系，这是对范蠡经济循环学说的进一步发展。他认为"太阳在卯，穰；明岁衰恶。至午，旱；明岁美。至酉，穰；明岁衰恶。至子，大旱；明岁美，有水。至卯，积著率岁倍"。白圭所说的年成好坏的循环规律比范蠡"计然之策"更为详细，在每12年中，有"穰"即大丰年两年，"衰恶"即坏收成4年，"美"即丰年四年，"旱"和"大旱"各1年。共有6年丰收年，6年灾荒年。白圭认为掌握了这个规律进行贸易，就可以获得巨大的利润。

白圭有一条十分重要的贸易原则就是"人弃我取，人取我与"，当五谷成熟

白圭画像

时收进谷类农产品，而出售丝漆等；当蚕茧成熟时收进帛织等，出售谷类农业品。由于善于掌握购销时机，使得他从中获取了很多利润。

白圭还主张"欲长钱，取下谷；长石斗，取上种"。下等谷类是广大贫苦人民生活中最普遍的必需品，贸易上成交的数量多，从中获得的利润也最多。白圭"取下谷"的做法，起初受到一般商人，特别是经营奇珍异宝等奢侈品的商人的责难和讽刺，可是幸运之神总是偏爱那些遵循经济规律和勇于探索创新的人，而远离那些随波逐流、因循守旧的人，实践证明白圭是正确的。他还指出，要获取巨大利润，不仅靠贸易这一来源，也可从改进生产方面着手，即所谓"长石斗，取上种"。两千多年前就能总结出选用优良品种增加农业产品产量的经验，是十分难能可贵的。

家累千金的白圭，仍然过着"薄饮食，忍嗜欲，节衣服，与用事童仆同苦乐"的简朴生活。这样一方面可以节约资金，有利于扩大经营规模；另一方面更能博得人们的尊重和信任，使他在经商活动中立于不败之地。

已有学者指出，白圭"欲长钱，取下谷"的经营原则，以及"薄饮食、忍嗜欲、节衣服"的经营作风，表明了白圭时刻考虑成本与收益之间的关系。白圭这种成本—收益思想方法，在中国古代经济思想中占有重要地位，到今天，仍有许多可供借鉴的地方。

白圭认为，经商一定要掌握时机，运用智谋，要"趋时，若猛兽挚鸟之发"，要"犹伊尹、吕尚之谋，孙吴用兵、商鞅行法"。如果"智不足与权变，勇不足以决断，仁不能以取予，强不能有所守"，就不可能在商业竞争中取胜。在他看来，只要做到"智""勇""仁""强"四字，在经商活动中就一定能稳操胜券。所谓"智"就是足智多谋，随机应变；"勇"就是要勇往直前，当机立断；"仁"就是要讲究商业道德，做到公平竞争；"强"就是要坚守时机。

人们普遍认为是日本的企业家首先把中国《孙子兵法》思想应用于企业的经营管理。事实上，早在两千多年前的白圭就已把《孙子兵法》移植到他的"治生之学"之中。北京大学赵靖先生曾将白圭"治生之学"的内容与《孙子兵法》相比较之后，发现两者"不但思想上十分接近，而且文字、语气上都有着从后者蜕化而来的痕迹"。因为战争和市场竞争，军事管理和商业管理之间有许多方面是类似和相通的。

千百年来，历代商人都把白圭奉为商业的祖师，诚如司马迁所谓"天下

第二章 贸易的人群：商人

言治生者祖白圭"，从白圭的商业贸易理论来看，他是当之无愧的。

商人立国，商人救国

郑国是春秋中期的一个诸侯小国。它的地理位置很好，北接齐、曹，南连陈、蔡，东邻鲁、宋，西通周、晋，水道四通八达。它是商业和交通的一个中心地带。它和齐国不同，不是以强周的地位，亦非以本身丰富的资源和产品作为发展商业的条件，而是一个弱小的邦国，靠地处各国经往枢纽的有利地理位置，靠国内有一批具有丰富经验的商人，并主要靠贩运贸易起家以达到商业兴旺发达的。郑国把发展商业作为基本国策，长时期内给予商人以优惠。

郑国重商是有其历史根源的，因为郑国建国之初就是与商人有着密切的关系。

公元前806年，周宣王封其弟（即郑桓公）于今陕西西华县，桓公是周励王的小儿子，当时周朝奴隶制已经是日薄西山。周宣王实在拿不出多少奴隶分给自己的老弟，只得把一批商人，即属于原来商族后裔的商业奴隶给了郑桓公。这就是子产所说的"昔我先君桓公与商人皆出自周"的故事。桓公得到封地后，带领这批商族后裔的商业奴隶"庸次比耦，比艾杀此地，斩之蓬蒿藜藿而处之"。他依靠这批商人的帮助，共同开发这个地方。由于开发荒地，劳动繁重，商人们在郑国的创基奠业中起了决定性作用。因此，郑桓公破例对商人做出了让步，不仅解除了他们的奴隶身份，给了他们自由民的地位，并且还给了他们一定的经营自主权，不把他们当作"食于官"完全由官府控制的官贾来看待。

在春秋诸国中，郑桓公是第一个废除"工商食官"制度的。当时郑桓公为巩固自己的统治，与商人订了一个盟约，即"尔无我叛，我无强贾，毋或丐（取也）夺。尔有利市宝贿，我勿与知"。这个盟约译成白话的大意是：只要你们商人不背叛我郑桓公，我就不强买或夺取你们商人的财宝和货物，也不干涉你们商人的经管，你们发了财、赚了利，有了值钱的宝物，我也不过问。据《左传》记载：由于双方"恃此誓言，故能相保"。双方合作得很好，郑国的国力也得以较好地发展。一个弱小的郑国，处于四面受敌境地的郑国国君，一靠地理上的缓冲条件，二靠本国商人在政治上、经济上的支持，在

列强的夹缝中生存着。在这两百多年中，郑国历任国君一直遵守郑桓公与商人的盟约。因此，郑国的商人在政治上也能获得有利的地位，商业日益发展起来。为了保护郑国的利益和生存，郑商人中出现了不少以国家大计为重，富有爱国之心，忠于"祖国"，保卫"国家"的爱国者。弦高犒师智退秦军就是一个商人救国，千古流传的故事。

据《左传》记载：公元前627年，秦国国君穆公，为了夺得郑国这块水陆交通四通八达，商业繁荣昌盛之黄金宝地，决定出兵伐郑。秦穆公方强令大将百里和副将西乞、白乙率领大军企图对郑国进行突然偷袭，一举灭郑。秦国的这一战争行动，郑国根本没有发现，国内没有任何御秦准备。郑国商人弦高在去周都洛阳做买卖的路上碰到秦国的军队，料定秦军必是来偷袭郑国。祖国处于大难当头，面对亡国危机，弦高出于对祖国的热爱，决心阻止秦军的侵犯，挽救国家的危亡。他心想：凡是偷袭别国的人，都要趁人无备，如果秦军知道郑国有了准备，就有可能使秦军不敢贸然进犯。于是弦高一面派人星夜赶回郑国报警；一面大胆沉着地拿出12头牛和4张牛皮，假装奉了郑国国君之命前来犒赏秦军。他主动去求见秦将，对他们说："敝国的国君听说贵军要路过敝国的都城，特意派我来慰劳你们及从者，贵军如果愿意歇歇脚，我们将准备一天粮草来招待，如果不愿停留，我们就担任一夜的警卫，明天护送贵军去敝国。"郑国国君接到弦高的警报后，立即加强戒备、严兵以待秦师。秦国的将领们听到弦高的话后，暗自商量：郑国已有准备，不可能以偷袭取胜了。如果攻之不克，困之无继，倒不如赶快回去。于是放弃了偷袭郑国的计划，郑国便得以保全。郑国国君要重赏弦高，弦高不受。

弦高犒师智退秦军的故事说明：在国家惠商政策保护下的商人系自身存亡于国家安危之中，忠心爱国，在大难当前，国家危亡之际，挺身而出，保卫祖国。人们往往把商人同唯利是图画等号，实际上他们并不是一切向钱看的市侩小人，商人弦高的"忠君爱国之心，排患解纷之略"非同一般，他毅然毁家纾难，确实令人敬佩。

还有一个郑商救楚将的例子。据《左传》记载：在公元前588年，晋国与楚国大战，晋国大败。晋国大将荀莹被楚军俘虏，囚禁在楚国都城郢。有一个郑国商人来楚国做生意，得知荀莹被囚，便积极展开行动营救荀莹。他用重金买通了看守官员，准备把荀莹夹藏在自己贩运货物的袋子里，偷偷运出楚国。正在谋划之中，楚国就释放了荀莹。日后这个郑国商人来到晋国做

第二章 贸易的人群：商人

生意，荀莹像对待救命恩人一样敬待他。这位商人很谦虚地说：我没有功劳，不敢领受这种待遇，并自称"吾小人不可以厚诬君子"。就转到齐国经商去了。

这个故事说明：郑商救楚将，显示了当时商人的地位、作用和实力。首先，作为一个郑国的商人时而在楚，时而入晋，时而又适齐，足迹遍及长江、黄河流域，他所经营的商品一定对当时各国经济发展均有一定影响，经商规模不小。其次，一个郑国商人能出面营救被楚国囚禁的晋国大将军，这位商人一定具有相当高的社会地位，且与楚、晋两国统治集团中的要员都有一定关系，绝非过去商奴和"食于官"的官贾可比。最后，一个自称"小人"（"小人"是自由民中的下层）的商人能够出钱营救一个战败被俘的统帅，说明他富有，是以其雄厚财力为支柱，大商人在社会上已能产生相当大的影响。总之，这个历史事实说明，当时郑国私营商业的规模已相当可观，这是郑国较早采取允许商业私营政策之结果。

经商治国集于一身

汉武帝（前140—前87年）在位期间，是西汉王朝最为强盛的时期，也是中华民族蓬勃发展的时期。雄才大略的汉武帝在外服四夷、内兴功利，建立丰功伟业的同时，也耗尽了文景以来府库的积蓄，造成了严重的社会危机，封建国家的财政濒临崩溃的边缘。为解决燃眉之急，汉武帝重用了一批商人。机遇降临在年仅33岁的桑弘羊头上，这位年轻人能否担此重任，使封建政权转危为安、化险为夷呢？

桑弘羊（前152—前80年），洛阳人，出身商人家庭，受家人的影响，自幼工于心计，聪明伶俐，有一副经济头脑，因此13岁就被选入宫中做侍中。

汉武帝为了摆脱财政方面的困境，巩固中央集权，决定加强封建政权对经济的干预和控制。元狩三年（前120年），他任命了几位盐铁富豪担任政府高级财政大员，来实施他的经济新政策。桑弘羊便是其中的主要人物，和他一起被选中的还有齐地大盐商东郭咸阳，南阳冶铁巨商孔仅。史称此三人都是"言利事析秋毫"的经济专家。

以桑弘羊为首的改革派人物，推行的第一项经济措施就是盐铁官营。自西汉以来，许多豪强富商从煮盐、冶铁、铸钱中，大发其财，一些企图割据

独立的王国政权,也通过经营盐铁铸钱来积蓄实力,扩充武装。桑弘羊认为,实行盐铁官营,不仅可以增加封建政府的财政收入,而且可以从经济上打击地方割据势力,禁止奢侈之风,控制诸侯王。

盐铁官营的具体做法是:盐的生产由产盐区人民小规模自由经营,其主要生产工具煮盐用的大铁锅——"牢盆"由政府提供。全部产品按规定价格由国家收购,由封建政府专卖机构出售,严禁私人经营,违者处以刑罚。各郡县盐官由中央大农从该地富裕盐商中选拔任用。针对以往冶铁业由私人经营的状况,规定铁的生产和流通全部由封建政府垄断经营,严禁私人冶炼和交易,铁官也由冶铁商人担任。

到了公元前98年,又进一步规定,对酒也实行专卖,酒的酿制生产完全由封建政府控制,严禁私人酿造,但又允许私人代为销售。后来由于贤良文学的强烈反对,酒的专卖政策被取消了。

这些政策的执行,给陷入困境的封建政权注入了活力和生机,汉武帝巡狩、封禅赏赐和开拓疆域再也不用为经费问题而发愁了。武帝对桑弘羊这个年轻人更加器重和信任,他支持桑弘羊尽快制定出更能为他带来巨大利益的经济政策。

桑弘羊在盐铁会议上舌战群儒图

第二章 贸易的人群：商人

汉武帝元鼎二年（前115年），38岁的大农丞桑弘羊继盐铁官营之后推出了他的第二项经济改革方案——均输法。均输之称先秦时就已出现，其原义是指政府按距离远近增减各地贡输数量从而达到均衡劳费的目的。桑弘羊的"均输法"对此赋予了新的内涵。其具体做法是：各郡国贡品，除确有价值又为京师所需用者可照旧直接运京外，其他贡品不必再送京师，可由各地均输官另选当地廉价而又属于经常外销的商品，运往高价地区出售。这样，不但以往因贡品直运京师所产生的弊病可以完全避免，而且各地均输官不费官府一文经费，却可以通过向高价地区出售贡品获得巨额利润。同时也加强了各地的物资交流，封建政府还利用均输所得物资发展了与匈奴和西域等边疆民族的贸易。

均输法实施后，由于用人不当，也带来了一些弊端，如有的均输官向人民勒索并非当地常产的商品，在产品验收上故意刁难，在出售产品时进行欺诈活动。但不可否认，均输法的推行是起了积极作用的，收到了"民不益赋而天下用饶"的神奇效果，被公认为是桑弘羊经济政策中最成功的一条。正因为如此，这项经济政策在西汉一直奉行下去。

元封元年（前110年），43岁的桑弘羊以治粟都尉领大农事，在武帝支持下，他的第三项重要经济改革措施出台亮相，这就是平准法。

平准思想起于《管子》和范蠡，桑弘羊将其发扬光大，成为与均输法相互配套的经济政策，就是政府通过官营商业收售物资，从而平抑市场物价。其办法是在京师长安设置名为"平准"的机构，由大农属下的平准令掌管。凡均输贡物剩余物品以及工官制作器物中用作商品的部分，基本上都由平准令掌握，当市场上某种商品价格上涨时，平准令就以低价抛售；如果价格下跌，则由平准令收购，使物价保持基本稳定。

平准的推行，固然使一些商人和官吏勾结起来，贱收贵卖，进行投机。但我们不可否认，"平准法"的实施，不仅达到了"平万物而便百姓"的目的，而且使一些"富商大贾无所牟大利"。相对稳定的价格，无论对封建政权，对人民甚至对整个商人阶级都是有利的。胡寄窗先生指出，桑弘羊平准措施的理论与实践，"均较他的前辈思想家更为成熟，而且也是今天世界上还在经常采用的一种经济办法"，"其精神已颇类于近代资本主义发达国家所常推行的所谓公开市场活动"。

自从桑弘羊于元狩三年（前120年）登上政治舞台后，不遗余力地为西

汉政权经济发展、为汉武帝辉煌事业出谋划策，尽职尽责。除制定了盐铁官营、均输平准政策外，还参与了"算缗""告缗"，统一币制等经济政策的实施。他还提出允许百姓"入粟补吏，及罪以赎"的建议，并主持组织了60万人屯田戍边，防御匈奴。从而深受汉武帝的赏识和宠信，后元二年（前87年），武帝病重，他没有忘记桑弘羊，任命他为御史大夫，临终前遗诏桑弘羊和霍光、金日磾、上官桀四人共同辅佐幼帝汉昭帝。

由于受战国后期以来轻商思想的影响，加上他经济政策的一些失误和用人不当等原因，桑弘羊的一系列经济政策在实行之初就受到一些官吏的指责和非议。其中以卜式最为激烈。卜式本是河南以牧羊致富的百万富翁，史载他"以田畜为事……入山牧十余岁，羊致千余头，买田宅"。据陈直先生考证，按西汉羊价每头九百至一千钱计算，卜式的千余头羊，价值在百万以上。后来武帝出击匈奴，卜式上书将其家产一半捐献国家，武帝深受感动，以为卜式为人朴实忠厚，先后拜为郎、齐王太傅、累官至御史大夫。卜式上任后"见郡国多不便县官作盐铁，铁器苦恶，贾贵，或强令民卖买之"，于是上书武帝，请求废除盐铁官营之制。这使武帝十分生气，下诏将卜式贬为太子太傅。

平准之法推行的当年（前110年）适逢小旱，卜式又乘机进言武帝，反对均输平准政策，认为"县官当食租衣税而已，今弘羊令吏坐市列肆，贩物求利"。按理这属于政治见解的分歧，是十分正常的，但大概是司马迁所谓的"本富为上，末富次之"的缘故吧，依靠"本富"即牧羊致富的卜式十分嫉恨仇视"末富"经商出身的桑弘羊，竟将天旱说成是均输平准政策的结果，提出骇人听闻的主张："亨（烹）弘羊，天乃雨"。要不是武帝对桑弘羊的支持和信任，桑弘羊这次非丧生祭天不可。

支持桑弘羊的武帝去世后，继承人汉昭帝对这位先帝宠臣、一代官商是否信任和重用呢？

昭帝8岁继位，大权掌握在大将军霍光手中，在如何认识武帝晚年以来的经济政治形势，如何制定国策方面，与桑弘羊产生了严重的分歧。终于导致了始元六年（前81年）的盐铁会议。

盐铁会议以检查武帝以来所实行的经济政策为名，实际上是借题发挥反对桑弘羊的一场政治斗争。参加会议的有御史大夫桑弘羊及属官，丞相田千秋及属官，和60多名由郡国选派的代表，即所谓贤良文学，实际上是社会下

层地主阶级知识分子。这是我国历史上第一次召开的对现实政治经济政策进行检查的大规模全国性会议。

经过辩论，双方达成妥协，废除了酒专卖和关内的盐铁专卖，桑弘羊的盐铁官营、均输平准政策仍旧继续推行。但贤良文学在霍光支持下活跃一时，桑弘羊在政治上受到很大挫折。次年他因被卷入燕王旦和上官桀父子谋反事件，结果被处死。

隋唐时期的外贸专家

公元6世纪末，隋朝统一，结束了汉末以后400年左右的大混乱、大动荡和大分裂局面，历史的航船驶进了一个风平浪静的港湾。一度萧条的丝绸之路又出现了生机，商队络绎不绝，驼铃声随风飘荡。伴随着丝路的重新畅通，历史舞台上出现了一位为开拓西域，发展国际贸易立下不朽功业的著名能手——裴矩。

裴矩（547—627年），字弘大，河东闻喜（今山西闻喜东北）人。出身于官僚世家，从小失去父亲，由伯父抚养成人。因聪明博学，才华出众而闻名当时，初仕北齐，齐亡后入周，深得杨坚赏识。杨坚代周建立隋朝，裴矩成为心腹近臣，在平陈之役中，奉晋王杨广（即隋炀帝）之命，负责接收保护南朝陈国遗留的图书载籍。还曾受文帝派遣，经略岭南，北抚突厥启民可汗，与牛弘等参定隋礼。

605年炀帝即位，裴矩深得器重，与苏威等五人参掌朝政，并称"五贵"。当时，西域各少数民族在张掖一带与中国进行"互市"，开展边境贸易。隋炀帝便派裴矩前往张掖，负责管理监督事宜。裴矩在张掖利用职务之便，访问"周游经涉"的西域豪商，搜集西域各国山川险易、君长姓族、风土物产等资料，还将各国王公庶人服饰仪形绘成图画，又制造地图，注记各地险要，纂成《西域图记》3卷，献于隋炀帝。

《西域图记》共记载了西域44国的情况。在此之前，我国历史上还没有一个人像裴矩那样，下大功夫花大气力研习记载西域地区的历史风俗。可惜原书现已散失，现仅存书序，记述了敦煌至西海（今地中海）的三条主要路线，是关于中西交通的重要史料。这三条路线是："北道从

ZHONG GUO GU DAI MAO YI

伊吾（今哈密）经蒲类海（今巴里坤）、铁勒部、突厥可汗庭（今巴尔喀什湖之南）、渡北流河水（今锡尔河），至拂菻国，达于西海。其中道从高昌、焉耆、龟兹（今库车）、疏勒度葱岭……至波斯（今伊朗），达于西海。其南道从鄯善、于阗（今和阗）、朱俱波、喝槃陀度葱岭，至北婆罗门（今北印度），达于西海。"

《西域图记》正好迎合了好大喜功的隋炀帝的野心，炀帝看后十分高兴，给裴矩"赐物五百段"，并将经营西域之事全权委任给他。

在裴矩的努力下，高昌王鞠伯雅及伊吾吐屯设等遣使入朝。大业五年（609年）隋炀帝亲征吐谷浑，拓地数千里。从大业元年至九年（605—613年）八年里，裴矩多次来往于甘州（今张掖）、凉州（今武威）、沙州（今敦煌），大力招徕胡商，并引致西域商队前往长安、洛阳等地，以首都贸易取代边境贸易。

当时的洛阳、长安东西二京，是全国最大的商业都市，也是当时世界商业贸易的中心。西京长安有东西二市，东市名都会，西市名利人，因系国都所在，"俗具五方，人物混淆，华戎杂错"。人皆"去农从商，争朝夕之利；游手为事，竞锥刀之末"。东京洛阳有三市，东市名丰都，南市名大同，北市名通远。通远市周围六里，"其内郡国舟船，舳舻万计"。"丰都市围八里，通门十二，其内一百二十行，三千余肆……榆柳交荫，通渠相注。市四壁有四百余店，重楼延阁，互相临映。招致商旅，珍奇山积"。裴矩劝说炀帝，将各少数民族的奇珍异品和朝廷贡物，陈列于端门街，各类品种达10万之多。又下令洛阳文武百官、男女老少身着艳丽服装前往观赏，持续一月之久。又将

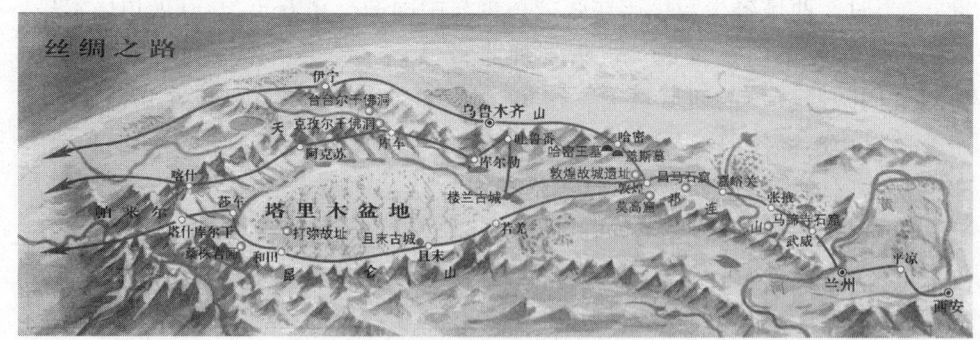

丝绸之路线路图

丰都、大同、通远三市粉饰装点，焕然一新，然后邀请各国商人入市交易，对外商皆备以丰盛酒席免费用餐，"邀延就坐，醉饱而散，不取其直"，使各国商人惊叹不已，"谓中国为神仙"。

当然，裴矩一手导演的古代历史上规模空前的"出口商品交易会"难免夹杂粉饰太平、自欺欺人的成分。一些目光敏锐的外商也对此有所觉察，不禁问道："中国也有衣不蔽体的穷人，为什么却要把这么多绫罗绸缎缠在树上？"但不可否认，这种贸易活动进一步密切了我国与世界各族人民的交往，推动了社会经济的繁荣发展。

公元七世纪初是一个非常不平凡的时代，登上政治舞台的隋炀帝依仗国力富强，骄奢淫逸，成为历史上有名的暴君。多行不义必自毙，一场新的急风暴雨铺天盖地而来，农民起义无情地摧毁了隋朝江山。政治风浪中的裴矩，几经周折，最后终于投奔唐朝。

归顺大唐的裴矩，自然受到唐高祖和唐太宗的礼遇。裴矩也不遗余力地为唐朝政权服务。"年且八十，而精爽不衰，以晓习故事，甚见推重"。他与虞世南共撰《大唐书仪》10卷，此书"参按故实，甚合礼度，为学者所称"，可惜后来散佚了。此外他还著有《开业平陈记》12卷，《邺都故事》10卷，《高丽风俗》1卷，均已失传。

唐太宗即位后，整顿吏治。为调查属下官吏贪污受贿情况，"乃遣人以物试之"。果然有一位司门令史"受馈绢一匹"。太宗大怒，准备处死这位受贿者。裴矩进谏道："此人受贿，理应从重处罚，但陛下以物试之，难免有陷人以罪的嫌疑，恐怕不大合乎礼义。"太宗听后，采纳了他的意见，并当众夸奖裴矩："裴矩敢于当面直言，如果每件事都有像他那样的进谏之臣，天下还何愁治理不好。"

贞观元年（627年），裴矩以80岁高龄病终。裴矩的名字以及他开拓西域的功业，将和张骞、班超一起永垂青史。

 知识链接

青出于蓝而胜于蓝

猗顿，战国时期的大盐商，从事煮盐和贩卖食盐。他所经营的是魏国河东的池盐。池盐从虞舜时代起就是一项著名而且重要的商品，春秋时被视为"晋国之宝"，战国时齐有渠展之盐，燕有辽东之煮，魏国的河池盐与之齐名。河东盐池是畦盐，这种盐的生产工序很简单，关键只要能设法把盐销出去，就能赚钱。猗顿看准这一行当，于是远离家乡，从鲁国到魏国的河东地区从事池盐的生产和贩卖。他是农牧主兼大盐商，又是范蠡的门徒，成为路子广阔的大商人。猗顿的资财多得惊人，货拟王公，驰名天下。韩非曾言"上有天子诸侯之尊"，"下有猗顿、陶朱卜祝之首"。而实际上，猗顿的富有已大大超过了当年的"陶朱公"范蠡了。

贸易的场所：市场

中国古代的市场，萌芽于六千年前的原始社会后期，形成于商周奴隶社会，经战国、秦汉、唐宋、明清几个时期有较大的发展。它对社会的进步有不可忽视的积极作用。

第一节
城市的出现与繁荣

 **中国古代城市的起源**

中国城市在奴隶制的西周时期就已出现了，但当时并不发达。大批城市的兴起是在奴隶制行将崩溃的东周末期。中国初期的城市主要是统治者的居住地，那里也有为奴隶主进行交换提供方便的"市"，但城市不是以交易地为主而形成和繁荣的。直到春秋末期和战国时期，这些城市在经济上的作用才日益地显示出来。大约到了战国中期，城市扩大了，城内才有了较多的商业活动。因此，中国的城市是在奴隶制崩毁和封建制逐步确立的过程中产生的。城市的兴起与封建制有着不可分割的联系。

中国早期的城与市是有区别的，城先于市。不少城市是由军事、政治据点发展形成的。战国时的城常以十以百计数。许多史籍上都有记载，如说乐毅攻齐，则"下齐七十余城"（《史记·乐毅传》），"西周君曾献给秦昭襄王三十六城"（《史记·秦本记》），《春秋左传》上说当时一年筑城之举即在50次以上。在短时间内建城几十次，显然不可能是很大的城市，而多是军事要塞。这也说明，当时的城市主要是为军事防御、政治统治的需要而建立起来的，不过，后来的许多城市也是由此而发展起来的。

自从城市产生和发展起来后，大大小小的城市就成了不同的统治中心。
中国的城市在战国和秦、汉之时有了较大的发展，在各个地区都有一些商业发达的热闹中心都会。"燕之涿、蓟，赵之邯郸，魏之温轵，韩之荥阳，齐之临淄，楚之宛、陈，郑之阳翟，三川之二周，富冠海内，皆为天下名都，非有助之耕其野而因其地者也，居五诸之冲，跨街衢之路也。故物丰者民衍，宅近市者家富。"（《盐铁论·通有》）西汉的六大名城，即关中地区的长安、齐鲁地区的临淄、三河地区的洛阳、燕赵地区的邯郸、巴蜀地区的成都和南阳地区的宛，更是繁华无比。当时的临淄有 10 万户居民之多。西汉的京都长安城墙周长共 65 里，城市中有 8.8 万户、24.6 万余人，街道宽阔，可容纳 12 辆大车同时并行。这些大城市既是一定区域的商业交换中心，又是政治统治中心，也是京城或郡县的所在地。作为郡县治所的城市并非工商业人口自然集中的结果，但

中国古代城市的繁荣景象

这些作为封建国家政治、军事据点的城市，无疑有利于封建中央集权对全国实行郡县制的政治统治。直到封建社会后期的明、清之时，虽然城市在不断兴起，但其中仍有不少是适应政治、军事需要的。对于这一点，历史上一些颇有见解的人早已指出："历考闽属，自国朝来，每因寇乱，设县即定。"明时所设置的清平、崇义、和平等县就是为了镇压农民起义而建立起的城市（参见胡如雷《中国封建社会形态研究》一书）。在中国历史上，因手工业和商业发展等纯粹经济原因而建立的城市虽然也有，但并不多，地位也不重要。如景德镇等手工业、商业城市在全国城市中的数量有限，在政治上也无地位。实际上中国城市的地位是按照首都、省会、府、州县等政治上的等级划定的。所以，这些大小不等的城市，是封建统治阶级的驻地，是封建统治阶级发号施令、镇压人民的大小堡垒。由于中国封建城市产生途径的这一特殊性，以致有人把这种城市称之为"郡县城市"。

尽管如此，这些主要为军事、政治目的而建立和发展起来的城市一旦形成之后，客观上也为商业的发展、手工业的汇集创造了一个良好的基地，使商品经济在这里能取得一定程度的活跃和发展，即使仅从满足统治者的需要来说也能在一定程度上刺激商品经济的发展。

城市的发展道路

中国的城市有较为发达的工商业,且有不少城市后来发展成为工商业中心,但是中国的城市却始终没有摆脱掉封建主的直接控制,并且还日益牢固地结合在封建统治机构之内,不但不是一个独立的自治团体,而且是实施封建统治的一个发号施令的中心。因此,城市的发展,只能在"王制"规定的道路上运行,不可能自由发展,更不可能置身于"王制"之外,从而变成一个不受"王制"约束的独立自由城市。尤其是在"普天之下,莫非王土;率土之滨,莫非王臣"的指导原则之下,更不可能允许在整个统治范围之内存在有不受统治的自由市民。不论在早期的封建时代,或是在后来专制主义中央集权的封建时代,作为封建统治中心的城市,都是根据封建统治体系的编制,有计划、有目的地兴建的。

中国封建制度有严格的等级关系,所谓"王制",就是在规定这些关系。

古代城市建筑

第三章 贸易的场所：市场

总的来说是："自天子公侯至于皂隶者，其爵禄、奉养、死生之制各有差品，小不得僭大，贱不得逾贵"（《汉书》第91卷《货殖传序》）。因此从制度上要求："衣服有制，宫室有度，人徒有数，丧祭械用皆有等宜（同仪）"（《荀子·王制》）。建城郭，营都邑，在古代是"国之大事"，当然更要合乎"王制"。所以，封建时代的城市一开始就是按照封建规范建筑的，所有建筑的地点、面积的大小、城墙的高度、城门郭门的数目、城内建筑物的种类、市场的位置、道路的宽狭等，都有一定的制度，丝毫不得逾越。居住在城市内的人民，所有物质生活和精神生活，也无不受封建"礼法"的严格管制和干涉。

正由于古代城市不是自由发展起来的，而是由统治阶级按照封建的"礼法"制度有目的有计划地建筑起来的，故建筑城市的全部程序及有关城市的各种制度，在古代文献中皆有记载可证。这里仅举出重要几点，借以说明建筑城市的活动完全是统治阶级的活动。

建筑城市的第一步是选择位置，这是要经过慎重选择之后才能确立的。《吕氏春秋》所谓"古之王者，择天下之中而立国"，就是指此而言。选择位置的条件，不外地点适中、形势重要、周围出产丰富、水源不缺等。

建城的第二个重要问题，是确定城郭的等级大小。封建时代的城市，既然必须根据"王制"来进行建筑，则因天子公侯及卿大夫的爵级不同，其城邑亦必有大小等级之分。城市内部的规划，是城市建筑的一个重要方面。所有宫室、宗庙、市场、居民、道路等，其建置也都是"各有差品"，不能逾越。

城市市场有固定地点，大都设在宫室宗庙或行政官署的后面。《考工记》所说"左祖右社，面朝后市"，虽是指王城而言，但其他各级城市也是大同小异。总之，不论城市大小，都是把市场设置在一个最不好的地方，并使之成为一个特殊区域，作为商民集会交易之所。

市内的建筑，除了供囤货交易的场屋外，有市官行政的官舍。《周礼·内宰》称："凡建国，佐后立市，设其次，置其叙，正其肆，陈其货贿。"设次置叙，即建立市吏官署。《周礼·司市》又称为"思次"和"介次"，一为总治之所，二为分治之所，这个制度曾长期为后世所沿用。汉时称为市亭，亦叫作旗亭，可知古代市政官署皆高悬旗帜，以为标志。

总之，封建时代是古代城市的大量兴起时代。但是它不是随着工商业的发展而逐渐成长起来的，而是随着分封制度的扩展和政治需要分布在实施统治所需的适当地点，并根据封建"礼法"的原则和惯例，有计划、有目的地

67

建立起来的。因为建城就是立国，立国就是在其封城之内树立自己的统治权，这就不可能像欧洲中世纪的城市那样，可以单纯服从经济的需要，从原来的庄园、交通枢纽、河川渡口等人烟稠密的所在，任意兴建起来。

中国古代城市的发展道路虽然与欧洲不同，但并不因此就减低了城市的经济作用，而上述的结论也不排斥城市在兴起之后，对于经济发展会产生一定的影响。因为，尽管城市的兴起不是基于经济条件，也不是为经济目的服务，但是城市既已出现，就不期而然地为工商业提供了一些便利条件。

首先，初期城市都是消费城市，而城内的居住者又主要都是具有较大购买能力的统治阶级，早期的工商业本来就是为统治阶级服务的。因为在自然经济占统治地位的时代，广大人民不需要依赖于市场的供给，只有富裕的统治阶级才有这样的需要。所以统治者在建立城市时，还要在城内划定一个区域作为市场，使一切交易都必须在市内进行，并直接加以控制。城市既然是主要的或唯一的交易地点，那么，工商业自然会向城市集中了。

其次，在先后兴建起来的许多城市中，总有一些城市其位置处在交通枢纽、河川渡口或物产尤其是特产非常富饶的地方。尽管这些城市并不是为了经济目的而建立的，但是由于它们具有这些优越条件，有利于工商业的发展，遂使这些城市逐渐发展为工商业中心。

秦汉以后，由诸侯割据的封建制度变为专制主义中央集权的封建制度。封建政治由多元的统治变为一元的统治，这时城市的统治和镇压作用更为加强了，所有过去的诸侯都邑和卿大夫采邑，都变成直接由中央控制的郡县，每一个郡城或县城都交织在整个统治机构之中，成为整个统治机构的一个组成部分，亦即全国统一行政系统中的一个基层单位。不论它是由原来的封建都邑转变而来，或是新建的郡府州县，都是根据行政编制，按照地理区划和人口分布的情况，统一布置或兴建的。这时城市的地位虽然有所改变，但是城市的基本性质、建筑规划和管理制度等，仍然是沿着原来的轨道运行的。

自秦汉历魏晋南北朝以迄隋唐，城市的建筑规划和管理制度，基本上仍和先秦时期的城市大致相同。因为由周礼王制所代表的"先王之道"——封建"礼法"，仍然是历代王朝实施统治和镇压人民的基本原则，所以城市生活的各个方面，也仍然是在政府的严格管制下，甚至有过之而无不及。

第三章 贸易的场所：市场

南方城市的兴起

魏晋南北朝时期，南方战争次数少得多，每次历时又都不长，政局和社会秩序相对稳定，工农业生产因而得以继续进行。这些因素，使得南方和北方形成截然不同的对比。南方的商品经济并未遭受打压，而有相当发展。还有一个重要因素给南方经济以强有力的刺激，这就是国内西南市场和国外海外市场的开拓。陆上的沙漠之舟远不如海上的宏舸巨舰，海上的丝绸之路超过了陆上的丝绸之路。西出阳关以远，阻碍重重，而海上交通随着造船技术与航海知识的进步不断扩大。由于这个缘故，南方的海上贸易一直是可观的，这就有力地刺激了商品生产和商品流通。南方市场的开拓突出地体现于城市市场的发展。

建康，三国时称建业，迅速崛起于孙吴定都之后。左思《吴都赋》咏叹道："水浮陆行，方舟结驷。唱櫂转毂，昧旦永日。开市朝而并纳，横阛阓而流溢。混品物而同廛，并都鄙而为一。"孙吴时，破岗渎开成后，"上下一十四埭，定会市，作邸阁"。这个叫会市的交易场所，已经有了储货的邸阁，从临时走向固定市场了。这可能是个自发形成的市场，位于建康的港口，实际上是烘托大城市的卫星市镇的初起，至东晋时城周围增加了若干处"草市"

大运河

"沙市"。

建康府属人口东晋初年为4万户，南朝梁时城市号称"南北各四十里"，全府户口28万户。《隋书·地理志》云："小人率多商贩，君子资于官禄，市廛列肆，埒于二京。"建康东西二铁冶，一次曾有数千万斤铁器运销市场。

建康北有两线通彭城，西通寿春，继续西行至荆、郢，并可与巴蜀、汉中相连。东有陆路至吴郡，形成以建康为中心向江南广大地区辐射的交通网络。陆路，新筑了将近20条可通车马的大道和多条可供军运和商旅往来的不规范的路线。新亭大道往西南，是长江上游从江陵入建康的必经陆道。南朝时历阳、豫州（治寿阳，今寿县）、襄阳至建康均有驿传设施。方山大道东至破岗渎，是连接三吴的要道。丹徒水道，自孙吴始，历代都畅通吴、会。破岗渎，自句容至曲阿，穿山越岭，将建康连通江南运河。从此，"东南漕运，士商舻舳，由曲阿溯流入句容，复沿下至秦淮（河）"，至建康。与富庶的吴会地区相连，促进了建康的发展。

建康城，历代都兴建有新的市场，孙权时设建康大市和东市；永安中设立建康北市；秣陵门市场，东晋隆安中发乐营人交易，因而成市。至南朝和隋朝，《隋书·食货志》载建康"北有大市，自余小市十余所"。

建康的门户京口（今江苏镇江），刘宋时，"经途四达，利尽淮海，城邑高明，土风淳壹，苞总形胜，实唯名都"。

大运河开凿通航后，"公家漕运，私家商旅，舳舻相继"，这使位于运河入长江之口的扬州首享其利，所谓"广陵当南北之衢，百货所集"。在行政建置上则成为一级行政区首府所在。淮南、江南的发展，使扬州拥有广阔富饶的腹地。"禹贡淮海之域，职方东南之奥，产金三品，射利万室，控荆衡以沿泛，通夷越之货贿，四会五达，此为咽颐"。安史之乱后，东南财赋成为朝廷仰给，而扬州是东南八道财赋漕运京师的重要转运枢纽。

扬州之所以成为南北市场的中心，从商品市场的角度而言，是因为它是南北漕运之枢纽，南北商品流通的集散地。扬州设有大规模的"场院"，相当于北宋的堆垛场。唐元和十一年，曾运扬州"诸院"米50万石、菱1500万束。代宗时刘晏改进转般法，据《新唐书·食货志》记载其法为："江船不入汴，汴船不入河，河船不入渭；江南之运积扬州，汴河之运积河阴，河船之运积渭口，渭船之运入太仓。岁转粟百一十万石，无升斗溺者。轻货自扬州至汴州。"这进一步加强了扬州的枢纽地位。

第三章 贸易的场所：市场

扬州是盐的集散中心，唐代盐铁转运使设驻扬州。中唐之后，茶叶在商品市场上异军突起，扬州又成为南方茶叶北上的转运中心，"茶自江淮而来，舟车相继，所在山积，色额甚多"。奢侈品贸易也是扬州商业的一大特色，《旧唐书·苏环传》谓："扬州地当要冲，多富商大贾、珠翠珍怪之产。"其他商品还很多，如"豫章诸郡，尽出良材，求利采之，将至广陵，利则数倍"。此外，扬州本地也有一些特产，扬州帽就是其中名品，为京师所重，非常畅销。

扬州成为江淮广大区域内的中心城市。"富商大贾，动逾百数"，散诸于史籍中的事例，有往来扬州与江西之间商僧吕用之、船商俞大娘、南昌谢某、周迪等。《稽神录》载有广陵某家具商，一次运往建康的家具价值就达20万钱。而诸道节度使，"以广陵当南北大冲，百货所集，多以军储货贩，列置邸肆，名托军用，实私其利"，于扬州置邸肆贸易。南北商人包括官商与私商会聚，中央政府的盐铁使等机构设驻于此，各地军政官府亦设置商业机构，扬州日趋繁荣。

唐天宝年间，扬州有户7.7万，较唐初增加3倍多，城市规模达周长40余里，而其前身汉代广陵城周长为14里。所扩大的主要是工商业的罗城，罗城呈长方形，中间纵贯一条南北向官河，是连通江淮运河的通道，商船可直达城中。天宝十年，一次飓风海潮袭击扬州，覆江口船数千艘。安史之乱后，扬州"舟墙栉比，车毂鳞集，东南数百万艘漕船，浮江而上，此为扼吭"，臻于极盛。"扬州常节制淮南十一郡之地，自淮南之西，大江之东南，至五岭、蜀汉十一路百州之迁徙贸易之人，往还皆出其下，舟车南北，日夜灌输京师，居天下之七"。权德舆《广陵诗》述其繁华曰："广陵实佳丽，隋季此为京。八方称辐辏，五达如砥平。大筛映空色，加萧发连营。层台出重霄，金碧摩颢清。交驰流水毂，迥接浮云甍……"因此唐人称"扬州富甲天下"，可当全国第一大商业重镇。

由封闭走向开放：城市的繁荣

宋代，中国城市繁荣，10万人以上的城市多达40余个，其中有的超过百万人。北宋首都开封的人口虽无确切数字记载，但从每年消耗漕米900余万石概算，人口当在150万以上。南宋咸淳年间（1265—1274年），杭州有39

万户，124 万余人。《马可·波罗游记》称赞杭州是"世界上最繁盛和最伟大的城市"。而同期的伦敦和巴黎人口均不足 10 万，工商业中心的布勒斯特和鲁昂，人口在 5 万左右。宋代以后，中国两度由落后的少数民族统治，一度遭受外国资本主义的入侵，社会经济政治发生巨大变动。与此同时，城市几经沧桑，但总的趋势还是向前发展的。元代有大商贸中心 20 来个，明代增至 30 余个，清末县以上大中城市 1500 个左右。城市继续向东南沿海沿江地区集中。元代，全国 2/3 的大商贸中心分布于东南沿海。明代，位于江浙的城市几占乎全国城市的 1/3。清代，西安、洛阳等内地大城市继续衰落，沿江沿海城市继续发展。元明时期，市场南北扩张，清代，东西发展，川江航线开通后，长江中上游城市迅速增加。

宋代至清代中叶，城市规模扩大，城墙曾一度加固。首都是城墙三重，有的达四重，城墙从土夯变成砖石砌成。

宋都东京（开封）有城墙三道。开封外城周长 50 余里。南北东各 5 门，西 6 门，其中南薰门、新郑门、新宋门、封丘门为四正门。里城周长 20 余里，东南西北各三道门，正南门叫朱雀门。宫城位于里城的西北部，周长 9 里（一说 5 里），正门宣德门旁又开 5 门，皆用金钉、红漆，墙壁都是用砖石砌成的，楼顶覆盖琉璃瓦，朱栏彩槛，西出西华门，东出东华门。

北京，金代叫中都，是仿照宋都开封改建而成的。中都分为大城、皇城和宫城三道。大城周长约 36 里，呈方形，城墙高约 4 丈，开 12 门。皇城、宫城在大城之内。元代称北京为大都，城墙三重。大都外城周长 60 里，城门外筑瓮城，城墙底部宽 10 步，顶部宽 3 步。城门上以及两门中间，都有美丽的建筑物，其中的房间，收藏护城士兵用的武器。皇城在大城内南部中央地区，宫城在皇城的东部，东为东华门，西为西华门，北为厚载门，南为崇天门。明代，北京城分为外城、内城、皇城、宫城四重。内城原称大城，因后增筑外城，故称内城。周长 46 里，城墙高 3 丈 6 尺，用砖砌成，开 9 个城门。明政府于嘉靖年间修筑外城，欲将整个内城包围起来，但因财力不足，仅修起了环绕南郊的外城 28 里。北京城遂呈凸字形。皇城位于内城里面，宫城位于皇城里面。

南京是明初的首都，规模宏大，有内、外、宫城三重。里城门 13 座，外城门 18 座，穿城 40 里，沿城一转足有 120 多里。城高 4 至 6 丈，底部宽 4 丈

第三章 贸易的场所：市场

余，顶部宽 1 至 3 丈。城墙均以砖石砌成，皇宫在内城里边。

首都以外的城镇也有建筑两道城墙的。如天津，金代为直沽寨，元代为海津镇，明代为天津卫，清代升为州、府。外部以土墙相围，周长 47 里多，开设 12 道城门。内城周长约 10 里，砖墙，开 5 个门。

许多地方志中都有《城池》条目，据光绪《山东通志·疆域志·城池》记载，宋以后，山东许多城市的城墙都由土墙变成砖石墙。如济南城，明初，内外砌以砖石。章丘县，明代以山石修筑。邹平县，明代"始砌以石"。淄川县城，明代"始建石城"，等等。

然而，宋代以后，尤其是晚清时期，市区迅速扩大，已非城墙所能包围，且城墙成为商品流通的人为障碍；新式武器的使用，又大大降低了城墙的防御功能。因此，有些新兴的城市不再建城，有些老城市的城墙被拆毁。如天津城根据丧权辱国的《辛丑条约》规定，于 1902 年被强行拆毁。天津外城大部被毁，里城全部被破坏，其旧址变成大路，亦即现在的东、西、南、北四条马路。天津城市，从外观上来看，已由封闭变为开放。随后，上海城墙也被拆除。不过，这是被迫和屈辱的开放。当然，有些城市的城墙仍然存在，有些尚留断壁残垣。中国的城市，由封闭走向半开放。

中国古代城市经济的薄弱

一般来说，城市经济是不可能封闭式自给自足的，因此城市的勃兴就意味着社会商品经济的发展。由于中国历史上的城市，政治军事意义大于经济功能，所以城市的消费性大于生产性，从而造成了中国城市经济的薄弱。

1. 城市中的工商业人口所占份额少

从中国城市中的居民组成成分来看，官僚、地主、军队以及为他们服务的人占据了城市人口的主体部分，工商业居于少数。这一点大大不同于西欧国家，在那里城市是商业与手工业发展的产物，这些人自然也就占据着城市居民的主体。这些人是生产者，必须以自己的劳动维持生计。这样城市发展越大，人口聚集也就越多，其经济力量也就越大。城市与商品经济是沿着同一方向发展的，城市的规模和繁荣程度也就是社会经济发展的尺度。在中世

古代城墙建筑

纪,由于社会生产力发展水平的限制,西欧并未出现像中国这么大的城市,英国的伦敦在中世纪不过4万居民,多数城市的人口平均数也不过数千人的规模。

中国城市是由于政治经济的需要而建立的,所以它的发展可以脱离经济的限制,而成为统治者居住和玩乐之地。关于城市居民的这种构成,在很早的时候就有人看出来了,如汉代王符通过观察后说:"今察洛阳,浮末者什于农夫,虚伪游手者什于浮末。……天下百郡千县,市邑数万,类皆如此。"浮末即工商业人口在洛阳城中比"游手"的消费人口少得多,这种情况直到明清时仍然如此。如清顺治年间,南京"绅、士、兵、民以及工商、传艺等类,数逾百万"。但到了嘉庆时,南京现在城镇中出现了一些工商业大户,如明成化末年浙江抗县有一张姓户,家有织机20余台。吴江盛泽镇施复家有织机三四十张,这都是具有一定规模的需要雇佣劳动力的小作坊。据《苏州府志》记载,苏州还出现了劳动力市场。城镇中有的店铺长期不衰,兴旺发达。如明代苏州皋桥有一个孙姓人家开设的南货店,名闻天下,从明万历年间一直维持到清代,前后达240年之久。这种工商业已开始企业化方式经营了。市集有了超前发展，出现了一些以工商业为主的城镇。唐宋时的市集主要还是在南方地区，北方甚少。到明清时，北方市集逐渐兴起，并日益普遍。在这些市集上不但有店铺，还有榨油等手工业作坊。一些新兴起的大镇其规模和繁荣已超过了某些郡县城市。如汉口镇一次大火就烧掉"商民店户八万余家"（《履园丛话》），可见其大。江苏的米泾镇"人烟万井"（《阅世编》），镇上居住着大量的工商业者。佛山镇更是兴旺，已是"烟火十余万家"，以冶铁业为主，有"佛山之铁遍天下"之誉（《南海县志》）。

城市虽然在客观上为商业贸易的发展创造了条件，但由于封建统治对城市商业采取了限制的态度，使城市中商品经济的发展受到阻碍。如古代城市很早就有了交易场所，但在宋代打破坊制之前，规模一直很小，限制颇多。汉代长安"闾里一百六十"，城周长数十里，而城内只有260步见方的九个"市"。唐代长安有宫城、皇城和居民区100多坊，而东西两市仅有2坊大之地，长宽各长50米，而宫城东西长有2000米、南北长1000米，皇城东西2000多米、南北1500米，外郭城东西18里、南北15里。相比之下，市之面积何等之小。隋唐的洛阳全城113坊，而南北两市才相当于3坊之地。在宋代之前，城市中的商业只准在市内进行，不准上街，定时开闭，有士兵把守，限制很严。宋代以后虽说对城市中的工商业限制少，城内主要手工业者的织工也才千余人，少得可怜。全国的都市工商业尚且如此，郡县小城就可想而知了。宋代泽州凌川县城内的市场极度萧条，以致只有卖"胡饼"一家。城市中的工商业者少，商品生产自然也就不可能发达，中国城市缺乏生产性的状况，决定了其不可能以生产的产品对农村进行交换来换取消费上的需要。这样，为了维持城内统治者的消费，就只有依靠政治上掌握的特权剥削农村。城市经济薄弱的一个显著特点就是以消费性人口为主。

 2. 中国的城市多繁荣于商

繁荣于商有两层意思，一是说城市手工业生产不够发达，城市的繁荣唯有依赖于商业。二是说为了保证城市的供给必然带来商业的繁荣。但城市商业从实物内容上来看是以奢侈品为主，粮食等基本生活必需品可以通过赋税地租取得。从商业的形式来看又是转运贸易为主的商业。它只是将

各地的物产从多的地方运销到少的地方，从有的地方转到无的地方，从贱的地方转到贵的地方。这样的商业并不能真实地反映城市商品生产的程度。商业的繁荣往往可以超越商品生产的实际水平。市场上的表面繁荣之下是脆弱的经济。这样，我们也就不难理解，为什么中国早在春秋战国之时就有了那么繁荣的商业，而资本主义萌芽却在后来的明清之时才出现。以转运奢侈品贸易为主的商业繁荣对商品经济的发展并不能起到推动的作用。商业只有在它与商品生产紧密连接之时，特别是在其成为商品生产的组成部分之时，这样的商业才对商品经济的发展产生推动力。如果城市仅仅是转运商业的起落点和集散地，商业的交换超过了商品生产的意义，是不可能走向兴旺发达的，更是难以稳定发展的。城市常常随着政治的原因而沉浮，政治上造成的人口增减变动会使商业走上繁荣，也可能使其陷入一蹶不振之中。如古城临淄到秦汉之后就衰败下来了，曾盛极数百年的京都洛阳、长安城一旦迁都即失去了昔日的繁荣。每次迁都不仅使该城的政治等级下降，大批官僚贵族迁走，还强制手工业者迁居。如明朝的迁都就是这样，当明太祖取得政权后定都南京，曾"起取苏浙等处上户四万五千余家，填实京师。壮丁发各监局充匠，余为编户，置都城之内外"。到明成祖迁都北京时，又要金陵（南京）民匠2.7万人同行，使旧都"减户过半"。每次迁都都会造成此衰彼兴的结果。城市经济在发展过程中的不稳定性和兴衰无常是中国封建社会城市的另一特点。这种情况使得城市的商业活动对商品生产缺乏应有刺激，也使城市的经济发展缺乏连续性的积累。所以，中国的城市往往可以达到当时世界上经济繁荣的顶点，但随后不久又因政治原因而跌落下来，以后又重新一步步地慢慢恢复发展。如此周折，故始终不能引起质的变化，城市经济始终强盛不起来。

3. 城市经济以消费性为主

官府手工业的经营方式加深了城市的消费性。我们说中国城市中缺乏足够的手工业生产作为坚实的经济基础，但并不是说城市中就没有手工业，只是手工业中是以官府手工业为主导地位的。官府手工业规模大而商品量小，对城市经济的发展起不到应有的促进作用，反而会产生一种压制。据考古发掘，秦朝都城咸阳就有专门为宫廷服务的制陶作坊。汉代都城官府手工业有数千人，唐代的少府监有数万人，宋代的文思院所辖手工作坊数十个。为此，

第三章 贸易的场所：市场

历代的朝廷都设有专门管理机构，如汉代的东思织室、唐代的少府监、南宋的文思院、清代的织造局等。

官府手工业的职能主要是为统治者的腐化生活、贪图享乐所服务的。这些作坊可以无偿取得原料供给，对劳动者可以不付工钱，又有政府提供庞大的资金支持，所以虽然在这些作坊中可以生产出优秀的手工艺品，但对城市经济的发展来说却是一种约束性因素。它挤占了城市中的手工艺市场，破坏了私营手工业的发展条件。这些官府手工业不但不能生产供给于社会所需的产品，反而扩大了城市中的人口，增加了城市的消费性，使城市的负担更为沉重。

 知识链接

以姓氏为名的市镇

许多镇市是在墟、集、店、街等原始农村集市，以至村庄的基础上发展起来的，而许多村庄墟集的名称都是取自聚居在这里的某一大家族的姓氏，故市镇以姓氏命名者甚多。秀水县的濮院镇：宋建炎二年（1128年），著作郎濮云翔从高宗南渡，居于此。元大德间名永乐市，濮氏构居，开市街，召民贸易，遂因以名镇。秀水县的王江泾镇：旧有王氏、江氏所居，因以名镇。魏塘镇：魏氏在此筑塘起屋，聚商贸易而成，故名。嘉兴县王店镇：工部尚书王逵构屋于梅溪，聚货贸易而成，故名王店。川沙县张江栅镇：张江于明代在此建市舍而成，故名。嘉定县罗店镇：罗升于元代所创，因以其姓氏为名。朱仙镇：相传为战国信陵君的谋士朱亥故里，朱导演"窃符救赵"，使信陵君名垂青史，朱亥也被后人尊称为朱仙，其故里被称为朱仙镇。

第二节
中国古代的市场

城市市场的滥觞

商朝盘庚迁殷以后,定居农业渐进地稳步发展,商业贸易有所扩大,到西周与春秋时期,城市经济开始呈现新的景象。商朝的都城,《诗经·商颂》称其盛云:"商邑翼翼,四方之极,赫赫厥声,濯濯厥灵",显示出它作为全国中心的景象。西周的都城镐京(今西安市西)、东周之洛邑(今洛阳)也是当世政治、经济和文化中心。各诸侯国的都邑,虽然侯伯之城不过方五里,卿大夫之都不过百雉,但也涌现出一批著名的城市,如齐之营丘、宋之商丘、晋之曲沃、燕之蓟等,都在此时奠定了后世繁荣的基础。城市中的小本业者,经营着各种商品。姜太公的传说反映了这一点,谯周《古史考》谓"吕望尝屠牛于朝歌,买饮于孟津"。亦有"负贩于朝歌"或"市贩于孟津"的不同说法,但无论是屠牛、负贩也罢,买饮、市贩也罢,都属于小本经营,这说明城市里小本经营已趋多样化,这是人口增多、需求多样化的结果。

许多城市都设立了市场。古史传说中有所谓神农氏"日中为市",又有颛顼时代的"祝融为市"。开始时,这种市场是很不成形的,在夏的都城,末代国王桀,竟"放虎于市,以观其惊"。商代的城市市场有了相当的改观,在殷都,《六韬》说:"殷君善治宫室,

故雍城遗址

第三章 贸易的场所：市场

大者百里，中有九市"，这当然不无夸张。西周春秋的城市市场，则成为名符其实的交易专门场所了。齐国都城的市场喧嚣热闹，《左传·昭三年》记载：晏子之宅靠近市场，"湫隘嚣尘，不可以居"。但对市民却非常便利，"小人近市，朝夕得所求"。《国语·齐语》记载，管仲把齐的国都划为21个乡，工商之乡占其六，其中"市立三乡"，商人聚居，约达6000户。春秋战国时期秦国的都城雍，即今陕西凤翔之故雍城，发掘了位于雍城后部的市场。这一市场建制与周朝"面朝后市"制是一致的。市场南北宽160米，东西长180米，面积近3万平方米。四周以土围墙，围墙内是封闭式露天市场，四面墙中部各开一市门，门上有四坡式大建筑。

城市市场都由官府设立和管理。工商业者是为官府服务的，所谓"工商食官"是也，他们都居于"国"（即城）中，并且统一集中居住，即"处商就市井"。城市市场和工商业者既然多从属于官府，官府对自身的切身利益信加重视，对市场秩序的管理也就不遗余力。《周礼·地官》的作者还专门设计了一套完整而繁冗的市场管理模式。

其一，市场的开设。根据"面朝后市"的原则在城市中开设市场，考古发掘证实了这一点，而且后世城市建设也都遵循不渝。市场内设"思次"，这是市场最高长官"司市"的行政署，每天悬挂旌旗，指挥开市。市场内每二十肆设一"介次"，"胥师""贾师"在此处理市场日常事务。交易不能在市场外进行。日设三市，"大市，日昃而市，百族为主；朝市，朝时而市，商贾为主；夕市，夕时而市，贩夫贩妇为主。"《礼记·月令》还记载了关市制度：中秋之月，"易关市，来商旅，纳物贿，以便民事。四方来集，远乡皆至，则财不匮，上无乏用，百事乃遂"。据《易·象》，冬至闭关，禁止商旅通行。

其二，商品陈列。商品以类相属，分肆陈列，同类或相近的商品摆在同一范围内，以方便挑选与购买；名称相近而质地不同的商品尽量远远分开，不摆在一个范围内，以免混淆。贾师负责验收检查，分门别类，比较审定，然后将各类合格商品按不同等级陈列于肆，并明码标价。只有符合这些要求才允许开业。《礼记·王制》对禁止上市的商品有详细明确的规定："圭璧金璋，不粥于市。命服命车，不粥于市。宗庙之器，不粥于市。牺牲不粥于市。戎器不粥于市。用器不中度，不粥于市。兵车不中度，不粥于市。布帛精粗不中数，幅广狭不中量，不粥于市。奸色乱正色，不粥于市。锦文珠玉成器，不粥于市。衣服饮食，不粥于市。五谷不时，果实未熟，不粥于市。木不中

伐，不粥于市。禽兽鱼鳖不中杀，不粥于市。"这些禁止上市的商品，除了触犯等级制度——礼制的禁令之外，主要都是从商品质量的角度出发的。凡此违禁物品，不仅在市场上有不同官吏屡加检查，而且在国门出入时严加防范。所谓"司门掌授管键以启闭国门，凡出入不物者，正其货贿，凡财物犯禁者举之"。

其三，物价管制。市场价格由官府统一规定，不得自行更变。饥荒年景，严禁哄抬物价，贾师必须确保物价稳定。四时食物珍品，也禁止利用季节差抬高物价。即"凡天患，禁贵买者，使有恒贾，四时之珍异亦如之。"市场上的滞销商品，官府根据市价收购并集中起来，公开标明价格随时抛售，以待不时而买者。赊购者，在不同的期限内定期归还。

其四，交易规则。买卖双方在商品成交时先向主管官吏"质人"申领凭证"质"或"剂"，按《周礼·天官》注，长者称质，短者称剂，奴隶、牛马等大宗贵重商品用质，一般商品则用剂。质或剂上标明双方使用的度衡量标准及商品规格，由质人负责巡查监管。查获犯禁行为，罚没商品。交易纠纷在一定的期限内由质人受理。允许赊购商品，必须在不同的规定期限内定期归还。借贷者，由有关官吏确定其偿还能力并出面担保。

此外，市场内行政、治安、税收都有专人各司其职，制定有详细的条文。

五花八门的市场

中国封建社会，长达数千年时间，其间的市场及其贸易，无疑是依附于封建经济和制度的商品交换形式。

1. 定期性市场

秦汉以后，由于经济发展水准和交通状况及人口密度等因素，萌生了一种新的贸易形式——定期市场。这是我国市场与贸易的又一个转折点。

首先是城市定期市场。据《太平御览》卷828记载："三辅黄图曰：汉平帝元始四年，起明堂、辟雍。长安城南、北为会市，但列槐树数百行为队，无墙屋。诸生朔望（夏历每月初一与十五日）会此市。各持其郡所出货物及经书、传记、笙磬、器物，相与卖买，雍容揖让，或言论槐下。"西汉末世，京城在常集之外，又为太学生开设"无墙屋"的"商业特区"，不能不说是

一个创举。而且，太学生不顾身份，依期而集，这对于自战国以来植根在士大夫阶层中的轻商、贱商观念，无疑是一个冲击。

中小城市中的定期市场，肇始于南北朝。郦道元著《水经注》卷33记载："平都县为巴郡之隶邑……县有市肆，四日一会"。在后赵，"丰国市，五日一会"。

定期市场的一个显著特点，就是有一定的集期，或二日一集；或三日一集；或四日、五日、六日一集；或一月二集；或一月一集不等。各地不同的集期，相沿成俗，留传至今。它既便于农民将主要时间集中于农业生产，又有利于农民剩余货物的交换，也便于各种商贩进缺泄余。

 2. 草市

草市，源于东晋，南北朝渐多，唐宋勃盛。它是长江一带及北方农村的一种商品交换形式。《水经注》有"淝水左渎，又西经石桥门北，亦曰草市门"。门因草市而名，证明近旁交通要道上有草市。《南齐书》卷50有"宝夤逃亡三日，戎服诣草市尉"的记录。可见，南北朝时期的建康（今南京）城外有草市，政府专门设有"草市尉"管理。为何称草市？其说有三：农民出售草料（饲料和柴草）时，为了搬运的方便，并减少对市容的影响，便在城郊的空地上进行交易，久而久之，成是名；因草舍为市而名；因市场是非正式的、草率的，故名。

唐朝以后，草市蜂起，遍及大江南北。王建诗曰："草市迎江货，津桥税海商"。牛僧孺，《玄怪录》云："唯草市药肆云：'常有二人日来买山药，称王老所使。'"《唐会要》卷71记载："德州安德县，渡黄河南。与齐州临邑县邻接，有灌家口草市一所"。另外，北宋苏轼有"春江围草市"，南宋陆游有"草市寒沽酒"之诗句，足见草市的簇兴以唐宋为盛。

 3. 庙市

除以上城乡各具特色的期集外，还有一种城乡并存的定期市场——庙市或庙会。

顾名思义，庙会就是在寺庙附近聚会，进行祭神、娱乐和购物的活动。上海辞书出版社1980年版《辞海》这样解释："庙会亦称'庙市'。这

古代庙会

是中国的市集形式之一，一般在寺庙节日或规定日期举行。因设在寺庙内或其附近，故称庙会。"《北平风俗类征·市肆》引《妙香室丛话》："京师隆福寺，每月九日，百货云集，谓之庙会。"

庙会是我国传统的节日形式，反映了民众心理和习惯。它的渊源，可以一直上溯到古老的社祭。

周代，王为群姓立社，称为太社；自为立社，称为王社。诸侯为百姓立社，称为国社；自为立社，称为侯社。百姓25家为里，里各立社，称为民社或里社。而社神是土地神，为民社的精神支柱，民众向社神祈求风调雨顺，就要进行社祭。

社祭时要有舞乐。《周礼·春官》："若乐六变，则天神皆降，可得而礼矣；若乐八变，则地示（同祇，土地神）皆出，可得而礼矣；若乐九变，则人鬼可得而礼矣。"可见，自古以来，祭神时总少不了舞蹈、音乐的。这对后世庙会上祭神、娱神以至娱人的活动无疑具有深刻的影响。所以社祭是中国庙会产生的主源。

第三章 贸易的场所：市场

因庙会的聚集作用，故庙会又称"庙市"。至少在南北朝时期，寺庙与市场已经发生联系。虽然这时的寺庙与市场的关系还不密切，但其发轫之功殊无争议。

从现有资料考察，庙市肇端于唐朝，两宋继之，明、清盛行。最初，人们往庙堂烧香敬菩萨，一些人就在附近摆摊设点，出售香火、供品等。如"灌口白沙有太山府君庙。每至春三月。蜀人多往设斋，乃至诸州医卜之人，亦常集会"。后来，则百货云集，目迷五色，成为比一般市场规模更大、货物更多的大型市场。例如，北宋"相国寺每月五次开放，万姓交易。大三门上皆是飞禽猫犬之类，珍禽异兽。无所不有。第二、三门，皆动用什物（日常生活用品）……殿后资圣门前。皆书籍玩好，图画及诸路散任官员土物、香药之类"。特别是明清时期，京城有庙市；中小城市有庙市；乡村亦有庙市。在京城，有著名的四大庙市：土地庙、白塔寺、护国寺、隆福寺。在大中城市，如明朝畿南广平府："庙之会……先期货物入集，酒肆罗列，男女入庙烧香，以求福利"。在乡镇亦甚普遍，如淮阳之太昊庙会，徐海12县72个庙会，及其他各省乡村间庙会等。

另外，从许多文学作品中亦可窥见端倪。钱易《南部新书》："长安戏场多集于慈恩（寺），小者在青龙，其次在荐福、永寿。"李清照《金石录后序》："余建中辛巳，始归赵氏……每朔望谒告出，质衣取半千钱，步入相国寺，市碑文果实归，相对展玩咀嚼。"潘荣陛《帝京岁时纪胜》："至于都门庙市。朔望则东岳庙、北药王庙，逢三则宣武门外之都土地庙，逢四则六外之花市。七、八则西城之大隆善护国寺，九、十由东城之大隆福寺。俱陈设甚多。人生日用所需，以及金珠宝石、布匹绸缎、皮张冠带、估衣古董，精粗毕备。"徐重蕃《成都青羊宫花会竹枝词》："竞卖商场几百家，五光十色斗繁华。胜名不愧称'花会'，会把眼睛都看花。"

显而易见，庙市，作为商品交换形式，对于沟通城乡经济联系具有历史作用。

4. 综合性市场

综合性市场多存于城市，特别是大城市中。譬如西汉时设立在长安的九个市场；南北朝的建康大市、东市、北市；隋朝西京（长安）东、西二市；洛阳的丰都市、大同市、通远市等，皆属。

5. 专业性市场

专业性市场，可追溯到奴隶制时代。如《左传》襄公三十年，郑"伯有死于羊肆"。《吕氏春秋》亦有"积兔满市，行者不顾"云云。进入封建社会后，更见兴盛。西晋时，洛阳有金市、羊市、牛马市。北魏时，洛阳"阳渠水南即马市"。隋唐以后，"成都城中鬻花果、蚕器于一市，号蚕市；鬻香、药于一所，号药市；器用者，号七宝市。"在宋朝时期，还有季节性专业市场，如四川成都，有正月灯市；二月花市；三月蚕市；四月锦市；五月扇市；六月香市；七月宝市；八月桂市；九月药市；十月酒市；十一月梅市；十二月桃符市。元朝中书省大都路，米市、面市；钟楼前十字街西南角，羊市、马市、牛市、骆驼市、驴骡市；以上七处市，俱在羊角市一带，其杂货并在十市口。北有柴草市，此地若集市。牛马市、谷市、蚬市、纱市等一十所，皆边淮列肆，裨贩焉内……六朝市廛多在淮水之北、治城之东也。京师顺天府：元宵日结灯货于东安门外，曰灯市。价有至数百金者。是时，商贾辐辏，珠石罗绮、古今异物，杂沓毕至，冠盖相属，男妇交错，亦一时胜事。

一般地说，在古文献中，凡因地而命名者是综合性市场，因物而命名者是专业性市场或专业性批发市场。

6. 批发性市场

批发性市场与专业性市场是同步发展的。如孔子的弟子子贡"结驷连骑，束帛之币，以聘享诸侯"。他掌握时机，贱则大量买进，贵则卖出，俨然一个大批发商。再如直隶祁州（今河北安国县）的药市，是经数百年不衰的大型药材批发市场。每年从4月15至5月15日，10月15至12月15日，全国各省13班药材商带上当地名贵药材云集祁州，从事批发贸易。

7. 季节性市场

所谓季节性市场，就是利用人们传统的集庆节日，举行类似现阶段物资交易会的市场活动。例如，自唐宋以来的上元灯市，端午节开封各处的百索市，七月七日的乞巧市，上海静安寺之浴佛节庙市等。季节性市场多系综合性的，只是更多地掺杂着歌谣舞蹈文化娱乐，即使不做买卖，也可尽兴而归。

第三章 贸易的场所：市场

值得注意的是，到宋代，我国市场与贸易发展到又一个波峰期，正值资本主义萌芽，封建社会衰落的前夜。据此可以再度证明市场与贸易对社会变革的推动作用。

与少数民族贸易的市场

关市，泛指设立在交通要道的集市。汉代以后，专指由官府管理，设在西部和北部边境，与那里的少数民族进行定期贸易的市场。汉代关市，位于边关附近，周围有篱垣、堑沟，并设有关市令等市吏管理，派专人把守市门。市场定期开放，市易之日，双方将货物、牲畜集中到市场，先由汉政府官吏与少数民族头领议定物价，然后开始贸易，又称"会市""交市""互市"，因称北方少数民族为"胡""蕃"，故又称"胡市""蕃市"。经官府允准，私商领取凭证，亦可参加贸易。西北地区是我们伟大祖国的重要组成部分，西北少数民族与中原地区的贸易源远流长。汉代张骞通西域，开辟丝绸之路，设关市，汉族与少数民族间的贸易呈现出繁荣景象。汉魏主要与匈奴、乌桓（乌丸）、鲜卑等西北少数民族贸易。输出的货物大多是丝织品，输入的则为各族的土特产品。

"夫中国一端之缦，得匈奴累金之物，而损敌国之用。是以骡驴馲（拖）驼衔尾入塞，驒（驼）騱（西）騵（原）马尽为我畜，鼲貂（浑刁）狐貉采旃（沾）文罽（季）充于内府，而璧玉珊瑚琉璃成为国之宝。是则外国之物内流，而利不外泄也。异物内流则国用饶，利不外泄则民用给矣。"（桓宽《盐铁论·力耕》）汉政府对于兵器、铁器等物品严加管制，不许参加交易，以防少数民族头领利用这些东西制造武器，侵犯其边境。

战马雕塑

关市贸易规模有时颇大。据《后汉书·南匈奴传》记载，元和元年（84年），北单于复愿与吏人合市，驱牛马万余头来与汉贾客交易。汉王大人前去欢迎，所在郡县设官邸款待。但南单于遣轻骑，出上郡，劫掠牛马，驱还入塞，破坏了这次交易。又据《三国志》

85

卷30记载，公元222年，比能率部落大人小孩，代郡乌丸修武卢等3000余骑，驱牛马7万余口到关市贸易。

关市是独特的，关市设在什么地方，什么时间开市，都是经过精心策划的，是服从于政治目的的。关市是不平静的，往往伴有政治军事行动。有时，少数民族首领出兵劫掠货物。上述南单于掠牛马之事，是一例。另据《后汉书·乌桓鲜卑传》记载，顺帝阳嘉四年（135年）冬，乌桓侵犯云中，抢劫道上商贾车牛千余。汉出兵击退乌桓。有时，汉朝将领利用关市贸易的机会，设圈套擒杀少数民族头领。据《三国志·魏书·乌丸鲜卑东夷传》记载，建安十八年（213年），梁习统属冀州，鲜卑头领育延率其部落5000余骑到梁习处，要求互市。梁习暗想，若不答应，恐怕育延怨恨；若答应他带人马到州城下，又恐他借机抢掠。于是乃允许育延往一座空城中交市。然后，梁率军前往。市上交易正在进行时，汉官吏把育延领来的一个胡人绑了起来。育延的人马皆大惊，上马弯弓，把梁习重重包围起来。市上的官民都惶恐不知所措。梁习乃从容不迫地呼唤市吏，问他为什么将胡人绑起来。市吏说，因为胡人侵犯他人。梁习乃派人叫来育延，责备说：你的人自己犯法，官吏没有侵犯你，你为何使诸骑惊骇呢？于是把育延斩首。他所部的人都吓破了胆，不敢动。

由于关市贸易有利于中原地区与沿边地区汉族和少数民族的经济文化交流，有利于生产发展和人民生活水平提高，故在中华民族长期历史发展中，关市有时虽被迫关闭，官方边贸中断，但民间贸易仍存在，且随后关市又恢复，边贸仍继续。两晋南北朝时期，国家分裂，中原地区商业衰败，中原与西北少数民族贸易陷入低潮，但并未完全断绝。

隋唐时，与边境突厥、吐谷浑、回纥等少数民族的贸易往来再度繁荣。

与突厥互市。据《旧唐书·刘文静传附赵文恪传》记载，唐武德二年（619年），与突厥"蕃市牛马，以资国用"。

与吐谷浑互市。据《旧唐书·王忠嗣传》记载，开元天宝间，朔方节度使王忠嗣每当互市时，就高估马价，利诱少数民族前来贸易。各少数民族听到这个消息后，竞相来关市卖马。凡来者，王忠嗣即买下，作为汉军战马。

与回纥互市。据《旧唐书·回纥传》记载，回纥屡遣使与唐互市，以马交换丝帛等，每匹马可换40匹绸。回纥往往一次赶来几万匹马。唐朝为购买马匹需支付大量丝绸，且买马过多，亦没有什么用处，感到苦恼。有时唐政

第三章 贸易的场所：市场

府限制购马数量。例如大历八年（773年）11月，回纥派赤心赶马1万匹来唐出卖，唐代宗只批准买6000匹。

隋唐与西北少数民族的贸易主要仍是丝绸与马牛贸易。

唐初曾一度废弃金银绫绢等物不得参与关市贸易、不许出边关的禁令，但开元时，又重严关令，禁止锦、绫、罗、縠、绸绵、绢丝、布、牦牛尾、珍珠、金、银、铁等与少数民族贸易和输出边关以外。

宋代与50多个国家和地区建立了贸易关系。宋代与西北地区的党项、回纥等少数民族的贸易频繁，双方贸易仍采取互市等方式。宋代以茶和丝绸等物品交换少数民族的马匹及其他土特产品。西北少数民族的货物没有什么变化，仍是马等畜产。而宋朝的货物结构则有较大变化，从唐朝开始参与边贸的茶叶，这时成了主要的贸易商品。这种茶马贸易在北方游牧民族——蒙古贵族建立的元朝，一度衰落，明朝又得以恢复，并进一步发展，明政府在西北的兰州、宁夏等地建立马市，作为双方贸易场所。清代，由于茶叶产量增加及对于马匹需要的增长，茶马贸易更加兴盛。

全国性市场的形成

商品流通是离不开商品市场的。商品的集散、转运、销售，原料的取得，劳动力的购买等，无不依赖于市场，没有市场就不能有商品流通，也无法使商品转化为货币，手工业、商业的利润也无法实现。市场和商品流通是密不可分的，可以说，市场发展的水平是商品经济发展水平的标志。

清代前期，国内市场正在突破区域性地方市场向全国性市场发展。当时国内市场的范围非常辽阔，遍及全国各地。这时商人的活动已不限于本地、本省或附近地区，而是跨省越区，远距离流通。在南方的广东顺德商人，嘉庆时"或奔走燕齐，或往来吴越，或入楚蜀，或客黔滇，凡天下省郡市镇，无不货殖其中"。（《龙山乡志》）地处长江中游的汉口镇，是有名的船码头，是商人活动的重要地区。

当时从汉水流域运来棉花、豆类、布匹；从南方运来茶叶、粮食；从吴越运来绸缎、海味；从三峡运来毛皮；从安徽运来茶、盐、油、笔、墨；从四川运来桐油、药材、粮食、木料；从江西运来瓷器；从云贵运来木耳、生漆；从闽广运来洋货。各地货物"莫不运此，转运分销"。"汉口为九州百货

备集之所"(《汉阳府志》),也是全国商品转运、销售的重要市场。经济发达的苏松地区素以纺织业生产兴旺闻名全国,因此,闽、粤、皖、豫、鄂、湘、赣、鲁、陕和东北地区的商人,都不远数千里来苏州进行贩运贸易。据说苏州城由各地商人建立了40多所公馆,建于明朝的只有3所,其余全为清朝时所建,这也反映着苏州在清朝时的发展。东南门户的广州,清朝时也成为国内外的贸易中心,在国内它几乎与全国各省都有贸易关系。

不仅内地商业交往密切,市场广泛,就是边远地区经济联系也很紧密,商品流通区域也是非常广阔。康熙刚刚统一的台湾,到乾隆时,"贸易兴盛,出入之货,岁率数百万元。而三郊为之主,三郊者南郊苏万利、北郊李胜兴、糖郊金永顺也。各拥巨资",商品远运四方,"南到南洋,北及天津、牛庄、烟台、上海,舳舻相望,络绎于途"(连横:《台湾通史》卷25),南北数千里,市场之大是可以想象的。

清朝时蒙古地区与内地贸易也很频繁。汉族北京帮、山西帮商人,将丝绸、布匹、茶砖、铁锅等商货运到归化、绥远、多伦诺尔等地出售;蒙古商人将各种牲畜(马、羊等)、毛皮、皮裘、野物(鹿、獐等)、山物(菇、菌之类)、毳货(毡、绒等)、药材等货物运到张家口、北京销售,并换取汉人的茶、布匹、纸张、瓷器、铁器、铜器、刀剪、锅、火药、硫黄等商品。这时归化城"商贾丛集",人口众多,商业兴旺。多伦诺尔城更是"商贾日众",生意兴隆,是蒙古地区第二大商业城市。本来蒙古地区农产品较少,这时也发生了明显的变化。蒙古地区生产了大量的粮食,并远销长城以南各省,作为商品粮食出售。康熙时,京城的米粮"从口外来者甚多",而且价格便宜,"京师亦常赖之"(《清圣祖实录》卷240)。乾隆时,"热河一带素产米谷","内地商贩前赴采买者多"(黄可润:《国北三厅志》卷5)。归化地方是粮食产区,又是粮食转运地,这里的粮食多从黄河水运至潼关、韩城,以供秦、晋的需用。太原得食归化之粮,寿阳也靠从归化运来的粮食生活,同州的商贩也从归化贩运粮食。这就使边远地区的经济和内地的经济发生了千丝万缕的联系,并纳入全国市场上商品流通的轨道。

清朝各地经济联系日益密切,商品流通日益广泛,刺激了商品生产的发展。因为生产过程也是以流通为基础的,流通是生产的一个要素,一个必经的过程,流通的扩大就会加快商品生产的发展。商品生产的发展,又要求扩大市场的范围,狭小的区域性的地方市场已难以适应需要,全国性市场的形

第三章　贸易的场所：市场

成已是历史的必然。

市场是否具有全国性，很重要的一个标志，就是要看市场价格是否具有全国性。

现就清朝前期市场上商品粮食的流通情况作粗浅的考察。

当时由于商品经济的发展，手工业、商业人口的增多，经济作物种植面积的扩大，这就需要向城镇的非农业人口和农业中不从事粮食生产的人口提供粮食，以及日益增加的手工业原料的需求，促使粮食日益商品化，进入商品流通的领域里。

为了适应粮食广泛流通的需要，雍正时曾反对实行限制粮食流通的政策，他认为："米盐为小民日用之需，需令商贩流通，市价均平，闾阎始不受困。"乾隆时，实行鼓励商人贩运粮食的政策，凡有粮米过关，询明各商，如运往受灾地区，卖者免税，以后定为"常例"，并规定米谷船只一到，即便放行，为商人贩运、转输粮食提供方便，以适应市场的需要。

由于商品粮食的市场广泛，流通量大，贩运距离很远。据估计当时由河航运里程已达6万公里，海运里程也有1万公里，已具有近代的规模。

在如此辽阔的市场上，各地的粮食价格却比较接近。康熙时，北京城里小米一石需银一两二钱，麦子一石需银一两八钱。直隶大名府稻米每仓石价银一两七钱五分至二两一钱四分。苏州地区粮价变化较大，受到年成的影响，在平常时候一两一二钱银子可购米一石，这是通常的价格。乾隆时候各地的米价大体是：山西的平阳、汾州、蒲州等府每石卖至二两之外，太原、潞安、泽州等府，每石米、麦价亦一两五钱至一两九钱不等。山东兖州、济南、泰安一带，粟米每仓石市价自一两四五钱至一两七八钱不等。湖广地区的米价，每石由一两四五钱，增至二两不等。江苏地区米谷价在二两以外的为贵价，一两五六钱的为中价，一两二三钱的为平价。甘肃地区上色粟米、小麦、豌豆每石二两，下色青稞、大豆每石一两二钱；偏僻处，上色一两七钱，下色一两二钱。江西地区省城四月份每仓石银一两六七钱，至五月中旬涨至二两二三钱，早禾登场后则减至一两五钱一石。当时，我国国土十分辽阔，地区之间粮食产量差异很大，但是为什么在相距几千里的地方，粮价都能围绕一个中心价格不断地调整、变化着呢？

这是因为在经济上，各地粮食日益商品化，成为市场上的商品。在供求关系的影响下，商人为了牟利，贱买贵卖到处贩运粮食，这就形成了国内粮

食市场的基础。各地的粮价就出现了粮食的中心价格。在政治上，清朝统治者深知"民以食为天"的道理，为了保持安定的局面，必须使人民能得到维持最低生活所必需的生活资料，特别是粮食。因此清朝运用政权的力量控制粮食价格，注意平衡粮价。这样，就使各地市场上的粮价基本上趋向接近。虽然相隔几千里，粮价却相差不远。

这时清人已经懂得"谷贱而商籴至，则其价必增，价增则利农；谷贵而商贩至，则其价必减，价减则商与农俱利"，用市场价格推动粮食流通，又用粮食的流通调整粮价，这就推动了商品贸易的发展和市场的不断扩大。只有不断突破市场狭小的限制，商品生产或带有资本主义萌芽性质的生产，才能不断发展，才能把区域性的地方市场发展为全国性市场，而这种较一致的市场价格正是形成全国性市场的基础。

赶集与赶会： 贸易的主要形式

唐宋以后，尤其明清，赶集与赶会成了民间贸易的主要形式。清代有的地方志解释说："集也者，聚也，聚东西南北人于一方，以所有易所无，犹市也，故曰市集。"乡民到乡镇市集买卖东西，俗称为赶集，又称赶场、赶墟等。赶会则是借赶庙会和某种民间集会的机会买卖货物，贸易有无。赶集和赶会都是民间贸易活动，但略有差异，故分别叙述。

赶集有一定日期，这就是集期。各地集期不同。有"聚散无常""不以集拘""随处随时"的不定期集市；有规定一个大致时间（如夏秋农作物收获以后），任民随便贸易的半定期市；有一月一集、半月一集、十二日一集、十日一集、三五日一集和"间日而集"的定期集市；有"日日集""每日集"的常市。不同集期，大体反映出各地不同的经济贸易水平：不定期、半定期集市最低，定期者次之，常市最高。但情况是错综复杂的。有的地区在定期集市之外，又有庙会、货会之类较大规模集市，作为补充；有的集市上，定期市和常市并存，"每日一小集，三日一大集"。随着商品经济的发展，条件较好的不定期集市变成定期集市，定期集市开市日期增加，有的变成常市。赶集一定要按集期，否则就是"赶背集"，无所收获。有的集市"萧疏异常，俗云半日集"，这是古代"日中为市"原始集市的遗风。有的贸易比较发达地区的集市，延续到次日，仍有买卖。据清道光《辰谿县志》记载："邑中圩

第三章 贸易的场所：市场

赶集画面

场，每值场期，远近商贩搬运粮食、衣、布、牲畜、杂货，俱于日中辏集该处交易，谓之赶场。其场分较大者，于场期次日，尚有买卖，谓之赶冷场。"乡民赶集都是早去晚归，不在集市上过夜，故绝少夜市。在交易繁忙时期，农民晨鸡未啼就起来赶集，牙纪张灯于路上收购物品，形成许多早市。这与城市市场大不相同。

赶集需走一定路程。由于地理位置、交通以及社会经济历史条件的差异，各地的集镇分布是不平衡的，因而赶集所走的路程远近不一。

一般来说，赶集者当日能够往返。

有些集市较密集的地区，半日即可往返。

有些交通不便，集市稀少地区，赶集需三四日才可往返。如河南嵩县，清乾隆时已有 32 所市集，但"尚有远趋数十里外"赶集者。乾隆三十年（1765 年）以前，汝河镇由于"四围重山"，向无市，居民"盐米农器易于县，往返三四日"，由于"妨农功"，乾隆三十年秋始立市。

赶集者运送货物入市集的方式多种多样。

有挑担背负货物于途者。福州西数十亩橘园，每秋熟后，红实星悬，绿荫云护。"提筐担篮"而来运橘入市集者，讴歌盈路。河南嵩县汝河上下山豁数十里内，民率"担负柴炭，入市交易"。南方花农，一大清早各将其所种花

果,"肩挑筐负而出,坌集于场。先有贩儿以及花树店人择其佳种,鬻之以求善价。余则花园子人自担于城,半皆遗红剩绿,即板桥所谓'如何滥贱从人卖,十字街头沦担挑',是也。"担挑货物赶集者,都是贫民。如宗广鼎《广陵迎春歌》所说:"鸡豕鱼虾满巷陌,市桥夜煮白羊香。酒库春吹万甓碧,担薪担菜皆贫儿。"

中国运输货物的工具,一般是"南船北马"。

北方农民多"车载牛驮"粮食、蔬菜、瓜果、柴草等赶集。也有用小推车运送货物到远方赶集的。例如,山东菏泽农民推小车到北京卖花就颇为典型。中国很早就栽培牡丹。谢灵运言"永嘉水际竹间多牡丹"。宋以后,菏泽成为牡丹种植中心。秋分后,花农将牡丹从地里起出来,推小车到各地赶集,有的花农将60棵牡丹装成一包,一车装四五包,几百斤重,经1000多里地,推到北京集市上出售。

南方水乡,另有一番风光。那里的乡民摇船运载货物赶集。植桑养蚕地区,当桑叶下来时,采桑叶的客船云集市镇附近,"每日暮如乌鸦野鹜,争逐而来,顷刻四塞","采叶船封满河港"。四五月间,"乡人货丝船排比而泊"。广州五羊门南岸有"花渡头",花贩每日分载素馨至城,从此上舟,因名。许多乡镇市集,"舟楫往来如织,百货聚焉"。

会有庙会、货会、集会等类型。唐宋,川陕等地区已有定期举行的、以出卖某种商品为主的货会和庙会。如四川成都,一年十二个月,每月都有市:"正月灯市,二月花市,三月蚕市,四月锦市,五月扇市,六月香市,七月宝市,八月桂市,九月药市,十月酒市,十一月梅市,十二月桃符市。"其中蚕市和药市最盛。蜀中每年蚕市,"至时货易毕集,阛阓填委","货蚕农之具及花木果草药什物"。苏轼和苏辙兄弟曾写诗词回忆幼年在四川眉州逛蚕市的情景。梓州药市在九月初开市,"天下货药辈"集此买卖药材。九月九日成都药市,"尽一州所出药草异物与道人毕集,帅守置酒行市以乐之,别设酒以犒道人"。早晨,人们纷纷涌入药市,据说,吸药气可以治病,使人健康。市上,百货丛集。张中殊有"成都好,药市晏游间",陆游有"重阳药市,元夕灯山"的词句。祁州(今河北安国)庙会是北方著名的药市,每年春秋两次集会。届时,全国各地十余省市的药材商人云集,各以当地所产药材互相交易。东南地区也有类似集市,如越州,"岁正月几望为灯市,傍十数郡及海外商贾皆集,玉帛珠犀,名香珍药,组绣髹藤之器,山积云委,眩耀人目"。还有出卖各种货物的庙会。如开封相国寺，每月五次开放，万姓交易，无所不有，就属此类。

明清时期，城乡庙会、集会增加。北京有隆福寺、护国寺、白云观、城隍庙等十几处庙会。有的县少则几处，多则十余处庙会、集会，都是定期举行。"会"，实即定期集市的一种，"有定期而非常市日会"。但与一般定期集市相比，有如下一些特点：

以对神、人、物的崇拜聚集人群于寺、庙、道观、坟墓、山场，进行贸易，此其一。

会期长，间隔远，此其二。会期一般是三五天，有的长达一个多月。如曲周城西街城隍庙会，从2月20日起，至3月26日止。东街增福庙会，自7月20日至8月26日，均月余。有一月数会者（如每月初八、十八、二十八会），有一年一会者。

规模较大，货物丰富，此其三。有些地方，俗称庙会为"大集"。"官商农民所用物品，无一不备"。有的庙会上，牲畜交易量很大，如山东金乡县城隍庙会，"盛时能上牲口一万余头，年景好了能销三四千头"。寺堌（固）堆庙会，"盛时牲口有一两万头，卖一二千头"，可见其规模之大。

中国古代贸易的特点：市场的狭小

商品经济能否发展的关键在于市场范围的扩大，而市场的扩大不仅在于地域范围的拓展，更重要的是对消费者的深度发掘。相对来说，前一方面的市场开拓是比较容易做到的。在一个国家内，只要政治上能实现统一，交通道路得以开辟，市场的地域限制往往就能被冲破。在中国由于很早的时候就实现了政治上的大统一，封建割据被消除，从而为民族市场的形成创造了基础条件。后一方面的市场扩展难度较大。在自然经济条件下，要达到市场的深度开拓就必须要使千千万万个小生产者，无论生产资料还是生活资料都要变成仰求于市场的消费者，小生产者必须要与生产资料分离。为了完成这个根本的转变，西方近代的资本主义发展是以血与火的剥夺方式来实现的。英国的圈地运动虽然是资本主义发家史上最可耻的一页，但其毕竟给英国的社会带来了现代的文明，对历史起到了巨大的推动作用。没有对小生产者的这种剥夺，资本主义的实现是不可能的。显然，在中国的封建社会中，小生产者的这种分离并未到来，这就带来中国历史上奇特的现象——繁荣的商业与狭小的市场同时并存。

第一，出现繁荣商业与狭小市场情况并存的根本原因就在于"耕织结合"的小农经济。

由于中国封建社会中的地权分散和多子平分财产的继承制度，使得土地的占有方式处在集中、分割、转让和出卖的不断交替之中。中国历史上虽有土地的兼并和剥夺，但这种集中并未形成资本主义的大土地经营者资本家或农民企业家。自耕农和佃农始终是土地的主要经营者。总之，无论土地的分散或集中都不会使农业经营资本主义化。小规模的经营是中国农业生产的基本形式，它对中国社会经济发展起着严重的阻碍作用。

中国的小农经济是由佃农和自耕农两部分组成的。他们都具有规模狭小、经营单位分散、经营方式保守、生产条件简陋、无力扩大再生产以及排斥进步因素、抗灾能力弱的特点。关于小农经济，马克思曾做过深刻的剖析，他指出："小农生产方式是以土地及其生产资料的分散为前提的，它既排斥生产资料的积聚，也排斥协作。排斥同一生产过程内部的分工，排斥社会对自然的统治和支配，排斥社会生产力的自由发展。它只同生产和社会的狭隘的自然产生的界限相容"（《资本论》第1卷）。所以，小块土地所有制按其性质来说，它排斥社会劳动生产力的发展，排斥劳动的社会形式，排斥资本的社会积聚和科学的不断应用。

正因为小农经济的简单弱小和保守落后，他们的收获也极其有限。在扣除赋税、地租之后所剩无几，还要预备荒年及病死养孤之费。因此，小生产者一方面不得不把生活花费维持在能保持生存的水平上，甚至常常挣扎在死亡线边缘；另一方面又不得不建立家庭手工业，生产自己所需的产品，以尽量减少对市场的需求。但人民普遍贫穷，购买力很小，无法建立起发达的市场。

小农经济一家一户的购买力很小，对市场的影响不大。但千千万万个同样生产方式的家庭几乎过着同样的生活，他们的生活方式相同，消费的物质内容近似，生活的简单化与类同化造成了对社会某些商品的需求总量显得无穷之大，由此又带来社会上经营的商品显得格外繁荣和兴旺。

再从总的情况来看，中国的小农地位较之西方农奴优越，生产力也较高，经济条件较好，于是有可能在年景好时或某些条件较好的家庭，能对外出售

第三章 贸易的场所：市场

古代的贸易市场比较狭小

较多的产品。另外中国的小农完全依赖单个家庭的自身能力从事生产生活供给，小农缺乏社会保障，当其再生产或正常生活发生困难时就必须要变卖一些生活资料甚至生产资料用品，以解燃眉之急，渡临时之难关。这种情况从社会的观点来看，又总是不断发生的。所以中国的小农无论在条件好时或者是贫困时都得出售一部分产品，这样农民与市场总要保持着较多的联系。因而商业流通具有一定的社会物质基础。

封建社会尤其是在晚期，最大量的商品仍然来自小农家庭。小农出售产品的数量最终是由剩余物的多少决定的。但农业生产本身受到社会、自然因素的影响大，丰歉年的悬殊也大。小农本身又缺乏抗灾能力，所以农产品转化为商品的数量很不稳定，时多时少。此外，中国的封建地租并不固定，随收获物的多少按比例计租率，农业的丰歉也要影响到地主的地租收入，进而决定着地主对农产品的出售量。因此，商业的繁荣是不稳定的，市场也是多变的。

在自然经济下国家各阶级的消费弹性都很大。小农在境况不好时节衣缩食、减少对外购买以避免破产，收入增加时则扩大消费。地主的消费也跟随收入的变化而有所起伏。同样，封建国家的官僚、军队的消费也不是固定不变的。虽然总的来说他们的消费非常庞大，但在各个不同的历史时期也是有差别的，其消费总量也随之起伏。即使封建帝王的需求也是程度不同的。隋文帝生活简朴到衣布衣，食一肉，车篷破了补了再用的程度。唐太宗也是"惟欲清净"。而隋炀帝的大兴土木、唐玄宗的荒淫无度，肆意挥霍资财，又是千古所指责的。这种消费弹性的巨大变动对商业有较大影响。

第二，造成商业繁荣与市场狭小的另一原因是中国城市的特点。

中国很早的时候就出现了有数十万人口的大城市，且数量多达几十个。

城市的兴起本身为商业的繁荣提供了条件，更何况这些城市又是以寄生性为主的。那些官僚贵族地主需要农村提供生活消费品，不过其中很大部分是通过实物地租形式的赋税取得的。城市中的手工业者和商人的生活品则是由商业渠道获得的。城市的这种性质，一方面限制了商品经济的发展，另一方面又在一定程度上刺激了商业的活跃。

商品经济的发展是以雄厚的购买力为条件的。建立在小农基础上的商业发展总是有限度的，封建经济下的商业繁荣与资本主义的商品经济繁荣是根本不可相比的，它对旧的生产方式的瓦解能力也是很有限的。

知识链接

朱仙镇的贸易

明清四大镇之一的朱仙镇，自宋元以后，输入货物有东南食货、江南竹瓷、西北山产，其中以布匹、粮食、大盐、京货为大宗。当地著名的商品有"西双泰"竹竿青酒、"玉堂号"豆腐干、"正义德"红纸门神，是个颇为典型的综合性贸易市镇。沿用至今的京货街、杂货街、估衣街、油篓街、曲米街等，以及街上的几十家粮行、绸缎店等，就是当时货物贸易的场所。

贸易的媒介：货币

中国的货币不仅历史悠久而且种类繁多,形成了独具一格的货币文化。先秦时期,各诸侯国实行不同的货币制度,在不同地区使用形制各异的刀币、布币、环钱。秦统一中国后,中国货币主要以环钱为主要形制。到北宋,出现了世界上最早的纸币——交子。到明代,白银成了最主要的流通货币。

第一节
古钱币的产生与发展

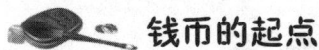 **钱币的起点**

货币的产生和交换发展的历史密切相关,有怎样的交换发展水平就有与其相适应的价值形态或交换的等价物。人们最初的交换是物物交换,随着交换的发展,由简单的价值形态发展为扩大的价值形态。又从无数商品中逐渐分离出某种商品来,其他的商品都来和它交换,它成了一般等价物。这样,扩大的价值形态也就过渡到一般价值形态。起先,一般等价物并没有完全由一种固定的商品充当,牲畜、皮毛、谷物、工具以至奴隶等都曾充当过一般等价物。随着交换的频繁和地区的扩大,人们逐渐选择一种商品作为交换的媒介和估价财货的尺度,这种固定充当一般等价物的商品就是货币。于是,一般价值形态也就转换为货币价值形态。

中国古代货币的历史可以追溯到很久远的时候。远在没有文字记载的夏以前,即原始公社时期,那时的生产力还处在石器时代,就已出现了交换。最初的交换是以物易物的交换,但随着交换的发展,人们越来越感觉到物物交换不方便,需要有一种办法能够解决一方想获得另一方的物品而自己所持的物品又不被对方所需要而使交换难以成交的实际问题,于是在交换的过程中产生了充当交换媒介的物品,这种物品便具有了货币的职能。最初的交换媒介是凡交换双方都乐意接受的物品都可以充当,例如在渔猎时代,人们常用的石刀、石斧等武器和猎具;在游牧时代,人们所富有的皮革、齿角;以及农业生产中人们常用的农具和生活必需的谷粟、布帛等物品,都曾当作货币使用过。其他如供占卜使用的龟甲,供装饰用的贝壳、石玉等贵重物品,

第四章 贸易的媒介：货币

其被当作货币使用的范围则更广。但是，当时交换发展的水平仍未超出"物物交换"的阶段，还未发展到产生货币的程度，上面所讲到的某些物品在不同时期、不同地区充当等价物的情况，其也仅是偶然的和扩大的价值形态，还不能称之为货币。也就是说，在我国古代的神农、黄帝和尧舜时代，我国还处在物物交换的时代，还不具备产生货币的条件，没有产生货币。

关于中国货币之起源，典籍有不少的叙述或记载，比较重要的并值得注意的有如下几则：先王……以珠玉为上币，以黄金为中币，以刀币为下币（《管子·国蓄》）。农工商交易之路通，而龟贝、金钱、刀布之币兴焉。所从来久远，自高辛氏之前尚矣，靡得而记云……虞夏之币，金为三品，或黄、或白、或赤、或币、或刀、或龟贝（《史记·平准书》）。弊（币）与世易。夏后以玄贝，周人以紫石、后世或金钱刀币（《盐铁论·错币》）。

此外，《汉书·食货志》《通典》《通志》《通考》等书，也记载有货币起源的内容，可是，除去一些明显不实的说法外，则多半是辗转传抄，甚少新义发明。就上述几段史料来看，我国最初的货币有金、银、铜、贝、龟甲等物，在金属货币中还包括人们普遍使用的铲形农具，钱或布（镈）以及铜刀。从货币发展的最早时期来看，则称"虞夏"、"夏后"或"禹汤"，即主要说是起源于夏代。

探讨中国货币之起源，须确定中国古代最早充当货币之物品是什么。考《说文》贝字注：

贝海介虫也，居陆者赚，在水者蜳，古者货币而宝龟。

周而有泉（钱），至秦废贝用钱。

此文若确，中国最早充当货币者当推贝。考贝者，其色泽美丽，远古人类常用为装饰品，《说文》云："赇，颈饰也。""赇"是用贝穿成的项链，因人人喜爱，贝遂获得一般等价物的性质，所以中国文字凡与财富有关的字都从贝，如负、财、贡、贷、贪、货、贫、贵、贯、贮、资、赂、赠、赐、贾等字，无不从贝字。贝，其为中国最早出现的货币之说，这已是没有异议的问题。

关于贝币使用的上限问题，则迄今未有

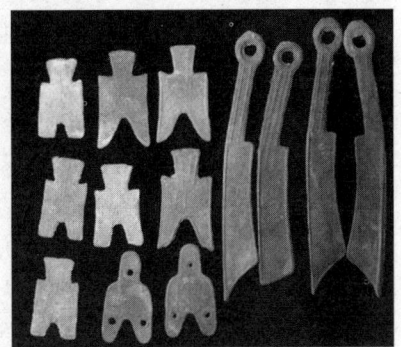

中国古代的货币

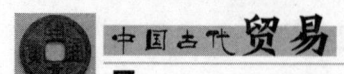

定论。《盐铁论·错币》记载:"夏后以玄贝"。但未能断定是否已用作货币。在河南偃师二里头遗址,考古工作者发现贝、玉和松绿石等装饰品,据此,有人推测这些装饰品并非当地所产,很可能是通过贡赋或交换的方式从外地运来的。特别是其中仿照海贝所制成的石贝和骨贝的发现,还表明父系氏族末期所选定的自然物货币已逐步被仿制货币所代替了。这和"夏后以玄贝"作为交换媒介的古籍记载,正相吻合(张一农:《中国商业简史》第3页)。此说尽管很有道理,但仍为推测之辞,若以此而论定夏代已产生了货币,则仍觉证据不足,难以服人。因为我国的夏代及夏代以前是否产生了商品交换,交换发展到什么样程度尚难以肯定,因而也不能臆断那时已有货币的产生。

综上述资料,我国货币的起源是否可以这样说:即我国古代的贝币,萌芽于夏,或在夏代已具有了货币的职能,其正式成为货币,当为殷商时代。商代早期采用蚌壳、兽骨等仿制货币,并用朱漆书画,称"聿贝"。在安阳出土的商代遗物中,就有蚌壳贝和兽骨贝。商代的贝以"朋"为单位,一朋是穿起来的10个贝。盘庚称贝为"好货","货宝"。所以商王和贵族经常以贝赐给臣下僚属。特别值得注意的是商代后期,还出现了用青铜仿制成的铜贝,这是中国最早的金属货币。

名目繁多的战国货币

战国时期的货币流通,深受割据纷争的影响,各种货币各自形成流通范围,并相互渗透,相互影响,相互竞争,最后趋同,并由统一后的秦中央政权确立了全国统一的货币体制。

大体而言,战国时有三种独立的币制体系,主导着全国范围内的货币发展。其一是布币,以中州为中心,流通范围西及秦国,北及赵燕;其二是刀币,一直是齐国的独立货币体系,后扩及燕赵,与布币兼行;其三是蚁鼻钱,在楚国及后来属楚的陈、蔡、宋、鲁等地流通。

蚁鼻钱,从其外形来看,应该是沿着古老货币海贝演进的脉络发展而来。随着海贝的流通,后来出现了仿贝,其中金属铸币铜贝便是其最高形态,在铜贝上再铸以文字符号,就成为蚁鼻钱。蚁鼻钱之名,是象形而命名的,因其形状似蚁也。1963年湖北孝感发现5000枚左右的蚁鼻钱,共重21.5千克,平均重约4.37克,单位重量都在3.5~5.4克之间,这种比较划一的情形,说

第四章 贸易的媒介：货币

明它们可能是在蚁鼻钱流通正趋鼎盛、开始大量铸行时的窖藏，时间约在战国中期。大致到战国中期以后，一般蚁鼻钱的重量已减至3.5克以下，多为2.5～3.5克左右。到战国末期，蚁鼻钱的重量多低于这一水平，减至1克或更低，1962年秦都咸阳故城遗址发现的100多枚蚁鼻钱就是如此，这应该是秦始皇统一后从楚国搜刮待销熔的蚁鼻钱。蚁鼻在今湖北、湖南、河南、江苏等地都有发现，可见当时流通于江淮广阔地区。

蚁鼻钱

布币如铲形，后人亦有称铲币者。布原是一种广泛使用的青铜农具，唯其普遍而成为交换媒介进入货币流通。它们最初作为交换媒介时，形制很粗大，和实际使用的同名农具几乎没有区别，后来才逐渐变小。据萧清估算，布币的一标准单位，从春秋时期重约35克，降至战国早期的12～17克，至战国晚期，进一步降至10克左右。而最流行的布币形制，也就是铸造与使用数量最多的布币，一枚的重量都在6克上下。不仅重量减小，而且在形制上也更适应于使用的方便，尖足布发展成为方足小布，布币的锐角也趋于平钝，一些地方的布币还更进一步从平钝而趋于圆形化。1963年，山西阳高出土战国布币达1.3万枚，钱文显示的铸币地点达63个之多，广布于赵、韩、魏、燕各地，足见布币铸造之广泛和普遍。阳高地处战国时赵之边邑，如果不是特殊原因汇集了如此众多的各国货币，那就足以表明当时各地之间经济交流之广泛、市场联系之密切。分散于如此广阔地区的铸币，是不会不胫而走的，唯一的可能就是各地之间频繁而错杂的交往。

货币及其形制的演进，是交换矛盾运动的结果，尤其是与村社解体及个体小农经营方式演进下交换的发展紧密相关。刀布等犀利青铜工具对农田耕作来说，是很能提高个体劳动生产率的，因而广受欢迎，人们"以粟易器械"，利用剩余产品进行交换。随着青铜生产技术的进步，青铜器的使用越来越广。人们掌握了它，不仅可以利用其使用价值，还可以利用其交换价值，

即再用它去交换别的商品。久而久之，它们便从普通商品中脱颖而出，取得一般等价物的特殊地位，充当交换媒介，发挥价值尺度、流通手段等各项职能，成为商品的商品——货币。

货币形制的变化是以便利交换为前提的。在农村公社解体过程中及其后，个体小农成为市场中新兴的力量。个体生产者交换的最大特征就是细碎性。个体交换越来越频繁，自然要求货币单位相应缩小，刀、布、蚁鼻钱的重量因此不断减轻。随着货币职能的演进，刀、布币逐渐失去其本来的形态与意义，渐趋符号化，直至最终由实际使用价值完全转化为纯粹交换价值的符号。

交换的便利，不仅希望货币重量轻，而且要求便于携带，方便清点计算。于是刀、布币的形制，由外形尖锐变为平钝，进而趋于圆形化。战国时期，在魏、秦等国，率先出现了一种新型货币，这就是圜钱。圜钱呈圆形，中空一孔。1973年山西闻喜县出土一战国灰陶罐，内有圜钱700余枚，以麻绳相穿，层层盘放，整齐垒叠于罐内。圜钱体圆有孔，便于携带、收藏，易于清点计算。后来，圜钱内的圆孔变成方孔，这与"天圆地方"的古代思想恰相吻合。这种便于交换的货币新形制，使用范围迅速扩大，刀、布币流通区各地都先后铸造，赵、齐、燕国的圜钱，今日都有出土发现。同时，其他种类的货币在外形上也向圜钱看齐、趋同。如赵国晚期铸行一种圆形圆足有孔布币，显示出布币与圜钱之间的一种递嬗形态。

种种迹象表明，战国各地形制不一、名目纷呈的货币流通，开始呈现出渐趋同化、统一的走势，圜钱则是这一趋势中的导路者。

货币的大一统

秦王嬴政统一中国以后，经济迅速发展，商品流通也日益兴盛，从此进入了我国古代商品经济发展的第一个高峰期，在这个基础上渐渐形成了我国历史上第一个结构规范完整的钱币体系。秦王嬴政（前210年）颁布了中国最早的钱币法，用秦国的钱币代替各国钱币，并下令废弃各国的旧钱币，在全国范围内使用秦国圆形方孔的"半两钱"。史书记载半两钱重约8克。钱币的统一，结束了中国古代钱币形状各异、重量悬殊的情况，是我国古代钱币史上由形状杂乱向形状整齐规范的一次重要变革，也是我国历史上的第一次重要的钱币改革。

第四章 贸易的媒介：货币

《史记·平准书》记载："及至秦，中国国之币为三等，黄金以镒名，为上币；铜钱识曰'半两'，重如其文，为下币；而珠宝、龟贝、银锡之属为器饰宝藏，不为币。"《汉书·食货志》也有类似记载。根据这些记载和考古资料，秦统一货币的具体内容主要有如下5点：

1. 统一了货币的种类

废止六国货币，定币制为上、下二等（或加布谓为三等）：贵金属黄金为上币，主要用于赏赐、馈赠等大宗交易；铜质货币为下币，主要用于日常交易、缴纳赋税等。以前在一定程度上起到过货币作用的珠玉、龟贝、锡银之类都不能作为货币。贵金属黄金无非是饼锭类，并没有铜质货币那样专门正式的形制，其流通范围也有限。铜质货币早在先秦时期就十分盛行，至秦更被作为全国主要的法定货币。以铜币而不是金银货币作为主币的特点，在秦朝就已经定型。咸阳长陵车站曾出土一坑废铜和六国废币，其中有齐燕刀化、三晋平首小布、楚国蚁鼻钱及长布等，除蚁鼻外均属残币，都是聚六国旧币而熔于咸阳的反映。

2. 统一了货币的名称

铜质货币称"铜钱"或"钱"，取消布、刀、化（货）等名称。

3. 统一了货币的形制

方孔圆钱是秦国的主要钱币，在战国晚期又通行于楚国之外的各个地区，秦统一后将其作为法定货币自然在情理之中。当然圆形方孔也确实有自身的优点，如圆转耐磨、携带方便等。又与"天圆地方"的古老观念有联系，于一钱之中，天地皆备，万宇一统，象征君临万方，皇权至上。

4. 统一了货币的单位

钱面均铸"半两"以记重，规定重如其文。《史记·平准书》记载，西汉初年"为秦钱重，难用，更令民铸钱"，说明秦钱总体上较为厚重。而《史记·六国年表》记载，秦二世胡亥即位后"复行钱"，即再一次颁布币制和发行半两钱，这次的半两钱可能减重甚多。

5. 统一了货币的立法

颁布《金布律》，统一全国钱币立法，并收回铸钱权，由官府统一铸造，不许民间私铸。在云梦秦简《封诊式》中就记载有一起破获私自铸钱的案例。秦钱厚重，自然与私铸较少有关。但并不排除地方政府铸造的情况。例如，在安徽贵池和四川高县就出土有秦半两钱范。

总之，秦统一币制是巩固封建统治，加强国家统一的重要环节；是发展封建经济的重要手段，对扩大经济交流和市场起到积极作用。对以后的钱币体制有深远影响。以后这种具有宇宙观"地方天圆"含义的半两钱形制从这个时候固定下来，一直沿用到民国初期，通行了两千多年，成为中国钱币发展史上一座重要的里程碑。

需要提一下秦汉的金币，秦始皇以黄金为钱币，用镒作为单位（合计20两），大多作为皇帝对臣子的赏赐和大宗支付。到西汉时改用斤（合计16两）为单位，黄金的使用流行一时，具体形态有金饼、金版。当中，王莽所铸造的"一刀平五千"，"一刀"两字是用黄金装饰而成的，每一枚的价值是五千五铢钱，这就是中国古代有名的"金错刀"货币。东汉建立以后，黄金已经用作流通的手段了，《后汉书》中就有这样的记载："货币杂用布、帛、金、粟。"可以说我国金币的使用早有渊源。

到了西汉初年，据《史记·平准书》记载，因"秦钱重难用，更令民铸钱"。所谓"令民铸钱"，一般理解为国家不再垄断，允许百姓自己经营铸钱。

秦半两

于是"榆钱"（大约"榆钱"与下文的"荚钱"是一种钱，都是讲钱小得像榆荚，是很小的钱）盛行。由于榆钱太小，购买力太低，经济恢复以后，人们便感到不方便。吕后二年（前186年）官方铸行八铢钱。吕后六年（前182年），又改铸行五分钱。关于"五分"的含义，古人有两种说法：一种说是钱的直径为五分（半寸），另一种说法是钱重为半两钱的1/5。不管哪种说法，都认为五分钱是一种较小的钱币，大约人们使用小钱习惯了，一下子改用八铢钱不习惯，所以又重新改用小钱了。无论是榆钱、八铢钱还是五分钱，尽管名称不一，实际钱文都是"半两"两字，所以它们都属于半两钱。

从存世和出土的半两钱（包括战国时期秦国、秦朝和西汉前期三个时期铸行的）来看，真可以讲是大小不一了。大的半两钱的直径、重量等，往往是小半两钱的许多倍，而钱文都是"半两"，这表明半两钱的减重是很明显的。大抵只有战国时期秦国铸行的少数半两钱才是名符其实的，此后的半两钱都或多或少减了重，最小的半两钱重量甚至在二铢以下（半两为十二铢）。

钱币的低谷

有时历史会出现惊人的巧合，中国钱币史上的两个著名事件的年份恰恰都是221年（一个是公元前221年，一个是公元221年）就是例子。公元前221年，秦始皇统一中国，废止战国时期多种多样的货币，实行统一币制："中国之币为二等，黄金以镒名，为上币；铜钱识曰半两，重如其文，为下币"。于是贵金属黄金在中国历史上第一次成为法定货币，这充分说明当时货币经济的兴盛。

而在公元221年，即三国曹魏黄初二年，却正式颁令停止使用铜铸币五铢钱，不是行用黄金或白银，而是"使百姓以谷帛为币"。由广泛使用贵金属作货币，到以实物谷帛为币，这无疑是一种历史的倒退。

此阶段钱币的衰落，还突出地表现在铸钱数量的减少上。东汉铸钱数量缺乏可靠的统计数字，但比西汉少是肯定的。三国时期魏国在文帝黄初二年以前虽恢复使用五铢钱，但是否铸造过五铢钱却不见记载。魏文帝即下令以谷帛为币，则自然不会再铸钱。

魏明帝再次恢复五铢钱的使用，但此后曹魏是否铸过五铢或别种钱币，史书也未有记载。东吴、蜀汉都铸造过当百、当千的大钱，却似乎都没有铸造普通五铢钱或别种当一的小钱。从西晋立国到（刘）宋文帝元嘉初的100多年里，官方一直没有铸钱。宋文帝元嘉七年（430年）铸行五铢钱，这是自东汉末年以来见于记载的第一次官方铸造五铢钱。

此后南朝各代虽陆续铸造，但数量不多，且时时间断。据郦道元《水经注·河水注》记载，与东晋南北对峙的前秦，曾用两个残留的"秦始皇金人"铸钱。但前秦的钱现今不存，而且据记载苻坚原想把第三个"金人"也用来

铸钱，还没运到前秦就灭亡了，可见铸的钱不多。

北朝北魏早年一直没有铸造钱币，到太和十九年（495）才铸行"太和五铢"，当时已建国100余年。此后虽又曾铸行几种五铢钱，但数量都很少，民间主要使用前代遗留的旧钱币。北齐和北周官方也铸钱很少，而且铸造的主要是大钱。

一般来讲，在金属货币广泛应用以前，总有一个物物交换的阶段，在这两者之间，有一段时间人们往往用某一两种生活日用品，例如盐、粮、布匹、牲畜等作为交换媒介。在中国，这种情况不明显，但我国在金属铸币甚至贵金属货币得到广泛应用之后，却出现了贵金属退出流通领域、谷帛成为法定货币的反常现象。以谷帛作货币，在动乱时期是有其合理性的。谷是食品，帛是服用品，都是人们生活必需品，也是动乱时期最宝贵的东西，同时又是农家可以自己生产的物品。但是用谷帛作货币，弊病也是明显的，就在"以谷帛为币"的命令颁布数年之后，已发生了"巧伪渐多，竞湿谷以要利，作薄绢以为市，虽处以严刑而不能禁"的情况。早在西汉时期，当有人提出要停止使用铜钱时，反对者就已指出"布帛不可尺寸分裂"。

东晋孔琳之讲谷帛为币的坏处："谷帛为宝，本充衣食，今分以为货，则致损甚多。又劳毁于商贩之手，耗弃于割截之用。"东晋人索辅专门批评以帛为币，说："裂匹以为段数，缣布既坏，市易又难，徒坏女工，不任衣用。"他们的批评都很有说服力，但是在晋以后谷帛却仍然长时期地被用为货币。

《宋书·刘秀之传》记载，刘宋前期，"汉川（今陕西南郑一带）悉以绢为货。"《隋书·食货志》记载："梁初，唯京师及三吴、荆、郢、江、湘、梁、益用钱，其余州郡，则杂以谷帛交易。"陈朝"承梁丧乱之后"，"兼以粟帛为货"。北齐"冀州之北，钱皆不行，交贸者皆以绢布"。其他史籍也记载了类似情况。只是被排斥的铜钱被"请"回来以后，就由原先的谷帛为币变为钱、谷帛同时为币。

在谷、帛两者之间，"谷"价低质重，不便应用，所以似乎用"帛"的场合更多。前文讲到晋代皇帝以绢帛代金钱赏赐臣下，其实不只是晋代，整个南北朝甚至隋唐时期都时常有赏赐绢帛的情况。不但赏赐绢帛，而且官兵俸禄也部分支给帛，北齐时甚至以匹帛定俸禄等级，如规定"官一品每岁禄八百匹"，"九品二十八匹"等。支出用帛，相应税收也往往征收帛。官方还用帛来量刑，如规定偷盗物品折合帛若干匹就判什么罪等。南朝萧齐的竟陵

第四章 贸易的媒介：货币

王萧子良甚至讲："钱帛相半，为制永久。"

东汉中叶以后，劣币开始泛滥。剪廓钱的流行在我国钱币史上是一很奇特的现象。所谓剪廓钱，即指把完整的钱（通常是五铢钱）剪掉（实际是用专门工具冲凿）外沿一圈后的剩余部分，当时它们竟也大量用于流通。洛阳烧沟东汉晚期墓葬中一次便出土剪廓钱2000枚。东汉以后，魏晋南北朝时期，这种剪廓钱也长期作为钱币使用。人们一般认为，被剪凿下的部分被用以另外铸钱，所以剪廓钱就是一种减重钱。

但令人费解的是，当时人们为什么不采取销熔旧钱改铸减重钱的办法，而采取这样一种看来笨拙的办法呢？出土的除这种剪廓钱外，还有被冲凿下的五铢钱的环形外圈，它们是否像剪廓钱一样流通，看法不一，由于它们出土数量远远少于剪廓钱，许多学者认为它们不用于流通。

汉献帝初平元年（190年），袁术、曹操等起兵讨伐董卓，董卓挟献帝入长安，铸行小钱，据说董卓不但下令销熔五铢钱，而且将洛阳和长安的铜人、铜马、铜乐器等都销熔用以铸造小钱，其中还包括秦始皇令人铸的"金人十二"中的九个。

据《三国志·魏志》记载，董卓铸行的小钱"大五分，无文章，内好无轮郭（廓），不磨铠"。显然是既轻小又粗劣，没有钱文的钱币。这种钱币自秦统一以后似乎是第一次出现。

东晋多用孙吴时的旧钱。大的叫比轮，大约是孙吴时铸的大钱，人们夸张它大如车轮，所以称为"比轮"。中的叫四文，今人尚未搞清指的是哪种钱，"四文"的含义是什么。当时还流行一种钱，被称为沈郎钱，据说是本朝沈充在吴兴起兵响应王敦叛乱时铸造的，又轻又小。这种钱在南北朝时期多有仿造，影响较大，于是沈郎钱成为劣币的代称。由于沈郎钱又轻又小，在文学作品中又成为榆荚的代称，常常见诸诗文。例如"谢家轻絮沈郎钱""绿榆枝种沈郎钱"等。南北朝时期劣币时时泛滥，有"对文""鹅眼""延环""生涩"等许多名目，今人已难以弄清这些名目的确切含义。北朝人说他们那里的劣币"薄似榆荚，上贯便破"，"风飘水浮"；南朝人则讲他们那里的劣币"一千钱长不盈三寸"，"入水不沉，随手破碎"，"十万钱不盈一掬"。这些显然带有文学夸张色彩的语言，但却生动地说明了劣币的轻小和质次。

三国时期，货币流通情况是很不一样的，其原因在于魏、蜀、吴三国的

社会形态和经济基础不同，但是三个国家基本上都使用过形同汉制的五铢钱。后来在成汉国汉兴年间，四川成汉李寿铸造了"汉兴钱"，这也是我国最早的年号钱。南北朝的货币经济相较魏晋时略有恢复和发展，但是社会依然处于动荡战乱的时期。刘宋、萧齐、梁、陈、北魏、东魏等国家均使用自铸钱币，出现了钱币的非统一和持续混乱局面。

谷帛为币，劣钱泛滥，魏晋乱世将货币发展抛入了历史的一个严重低谷。

通宝流传后世

从汉武帝元狩五年（前118年）改革币制，铸行五铢钱，历经两汉、魏晋南北朝，直到隋，共计739年，五铢钱都被认为是标准铸币，即"五铢钱制"阶段。唐初高祖武德四年废五铢，铸行"开元通宝"，中间虽铸造过其他钱文的钱币，但均行用不久，流通始终以开元通宝为主。开元通宝的铸行开创了"通宝钱制"，历时1300多年，对中国封建社会货币经济影响很大。唐初仍沿用隋五铢、綖环钱等恶钱，积八九万文才满半斛（《新唐书·食货志》）。高祖武德四年（621年）废五铢，在北周三泉的基础上，铸行"开元通宝"，钱文顺读，意为开国（开辟新纪元）的通行宝货。也有人旋读释为"开通元宝"，意为流通的大宝。据《旧唐书·食货志》记载："开元钱之文，给事中欧阳询制词及书……其词先上后下次左后右读之；自上及左回环读之，其义亦通，流俗谓之'元宝开通'钱"。《新唐书·食货志》也说"武德四年，铸开元通宝"，可见"开元通宝"是正式称谓，"开通元宝"是俗称。

开元通宝的铸行至少有如下六项意义：一是再次肯定钱币形状为外圆内方，肉好皆有周郭，币材用铜，钱径八分（24毫米），重2铢4絫（约4克）。每10枚为1两，千枚重6斤4两，轻重大小比较适中，成为以后历代王朝铸钱的标准。实测钱径23毫米，重3.6克。二是结束了以重量为钱币名称的"半两钱制"和"五铢钱制"阶段，改称通宝、元宝、重宝等，意为通行的宝货，掩盖了钱名重量与实际重量相差悬殊时导致的麻烦，使后世的钱币减重更加隐蔽。三是规定开元钱每10文重1两，每1文的重量称为1钱，后世称"1文钱""1个钱"，这个"一钱"，开后世两以下十进位衡法之始。铢从此不用。从1982年在西安李家村出土的没有锈蚀的开元通宝来看，160枚为一斤，一枚恰等于一钱。四是为后世制定了铜钱铸造的成色标准，如天

第四章 贸易的媒介：货币

宝年间（742—756年）规定铜83.32%，白镴（铅）14.56%，黑锡2.12%。五是唐代流行年号钱的特点对唐以后钱币产生了深远影响。六是其形制书法影响到日本、安南（越南）的钱币，如前者的和同开弥（宝），后者的太平兴宝，均接近开元通宝且都是隶书。

  唐朝初年在洛（今河南洛阳）、并（今山西太原）、幽（今北京市）、益（今四川成都）诸州置监铸钱，次年又于桂州（今广西桂林）铸钱。钱文为欧阳询的"八分篆隶"书体，极其精美，也是在史书中首次明确记载钱文的书者姓名。早期开元轮廓精细峻深，文字精美，"元"第二笔左挑，背最初无文，后铸有月纹；中期"元""通""宝"三字不甚匀称，"元"字左、右挑或双挑，"宝"字较小，背多月纹（月纹相传出自于杨贵妃或文德皇后，其实早在东汉灵帝时已经出现），间有星月纹。后期开元边郭较宽，铸造草率，大小不一，常有错范。2000年，在洛阳唐东都西苑遗址区钱币窖藏出土开元通宝8019枚，其中光背21枚，钱径24.1～25.3毫米，重3.1～4.9克；背仰月者1570枚，钱径25.4～25.5毫米，重4.4～4.6克。

  开元通宝铸行不久，随着高宗武则天对外用兵，大肆搜刮民财，私铸云起，就逐渐出现严重的恶钱问题，即盛唐时困扰了几十年的通货贬值问题——铸币减重。对钱质恶劣轻小者，统称"恶钱"，有鹅眼、熟铜、排斗等多种名称，主要出于江淮以南地区。高宗显庆五年（公元660年），令政府收买恶钱，每5枚酬新钱1枚，但因恶钱作价太低，致使民间反而收藏起来。仪凤四年（公元679年），令东都以成年糙米和粟回收恶钱，或严刑打击，但总是越收越多。只好"钱非穿穴及铁、锡、铜液，皆得用之"（《新唐书·食货志》），于是私铸更盛。

  武宗会昌五年（845年）"毁佛"，废天下佛寺4600余所，销毁铜像法器为铜料，令各道自铸"开元通宝"，一般称"会昌开元"，比唐初开元略小而近似，钱文模

开元通宝钱币

糊，铜质不纯。淮南（扬州）所铸背文"昌"，表示为会昌年间铸造，这也是背文记年号的开始。其余背文均为铸造地点的州郡名，共 22 处，其中"京"（京兆府）、"洛"（洛阳）、"鄂"（鄂州）、"兖"（兖州）、"润"（浙西）、"丹"（丹州）、"兴"（兴元府）、"益"（西川）、"梓"（东川）均在穿上，"襄"（襄州）、"福"（福州）、"梁"（梁州）在穿上或穿右，"平"（平州）在穿上下，"荆"（江陵）、"广"（广州）、"桂"（桂阳）、"蓝"（蓝田）在穿右，"潭"（湖南）、"宣"（宣州）在穿左，"越"、"永"（永平）在穿下，"洪"（江西）在穿四周。又以"永"罕见，"清"、"蜀"、"西"为伪品。会昌开元的铸行使钱币量大增，但不久宣宗即位，又以铜钱熔铸佛像，致使通货一直短缺。2001 年，杭州雷峰塔地宫出土"会昌开元"43 枚，钱径在 22～24 毫米，背文有"京""洛""鄂""兖""润""丹""兴""福""梁""平""荆""广""桂""蓝""潭""宣"等。

此外还有珍贵的金开元、银开元、镏金开元、白铜开元、花孔开元、开元大钱等。

开元通宝是唐朝最主要的流通钱币，在对外贸易中则成为国际通用的货币，唐以后还继续流通了 700 年，直到明朝末年才被废止。在现存古钱中，其数量也仅次于宋钱。

西藏的货币

乾隆五十七年（1792 年），清廷行令西藏地方政府，命由中央政府驻藏大臣监督，设炉鼓铸地区性流通货币——"乾隆宝藏"，用以驱除曾长期流通于该地区之廓尔喀（尼泊尔）劣质银币。次年，清廷正式颁布《钦定藏内善后章程》，专立"钱法"一章，明令设"铸钱局（宝藏局）"于西藏，就地铸造统一官钱，且详列新铸官钱式样、成色、折算比价及由驻藏

大臣亲自监督等项,确保此举顺利实施。"乾隆宝藏"银币乃是中国历史上首枚形制、重量、成色等皆由中央政权明文统一规定,严格督造并广泛使用的银质流通铸币,既是中国近代官铸仿外银圆的先河,也是中国中央政府对西藏拥有并全面行使神圣不可侵犯主权的象征。西藏除在清乾隆年统一铸造"乾隆藏银"外,之前还铸造过银币。

乾隆宝藏银币

第二节 纸币的问世

纸币的前生

中国是世界上最早使用纸币的国家。中国早期的纸币普遍采用被称为"楮树"的植物表皮加工而成的纸制造的,因此中国古代称纸币为"楮币"或"楮券"。楮币的运行主要承当了货币的支付与流通职能,至于价值尺度仍然由楮币所代表的金属货币来体现。

中国早在楮币产生之前,古代商品交易中就出现了一些用于互相承诺的凭信,它们大都以券据形式出现,本身不一定有什么价值,由于互相承诺才

体现其价值，往往在交易中承当起支付职能。经过了漫长的社会实践，这种券据形式的交易承诺范围有所扩展，由初始的双方，发展为多方，以至被更多的人承认和接受，从而由支付职能衍生出了流通职能，最后出现了可以直接替代金属货币流通的楮券，这就标志着纸币的诞生。中国古代纸币就是通过商品交易的不断社会实践，逐步酝酿产生的。

《周礼·质人》记载："质人掌城市之货贿、人民、羊马、兵器、珍异，凡卖价者质剂焉。大市以质，小市以剂。"郑司农云："质剂，月平贾也，质大贾，剂小贾。玄谓质剂者，为之券藏之也。大市，人民、马牛之属用长券；小市，兵器、珍异之物用短券。"质剂即当时交易时用的一种凭信，分别用于"大贾"和"小贾"。"贾"即行商买卖。《周礼·地官·司市》有云："以商贾阜货而行布。"郑玄注："通物曰商，居卖物曰贾。"大贾、小贾如同今之大额交易和小额交易。质人是城市中掌管质剂的专职人员，质剂相当于质人付给卖者的"实物收据"。可见早在西周和春秋战国时期，交易中已有用券据来作为承诺凭证。

《周礼·天官·小宰》记载："听称责以傅别。""傅别"是当时交易讼事中判定双方利益的券书。郑玄注曰："称责，谓贷予；傅别谓券书也。听讼责者以券书决之。傅：傅著约束于文书；别：别为两，两家各得一也。"可见傅别至少一式两份，为经判定后互相承诺的一种券据，能作为值价转移的凭证。

《周礼·载师》记载："凡宅不毛者有里布。"郑司农云："宅不毛者谓不树桑麻也，里布者，布参印书，广二寸，长二尺以为币，贸易物。或曰，布，泉也。"江永《群经补义·孟子》云："布者，泉也，亦即钱也，非布帛之布"，"里布，犹后世凡地皆有地税也。""里"，古代本指居民聚居之地，里布当指农田之外用地完纳"地税"的券据。在纸尚未广泛采用之际，有以木、布帛等作为券据之载体的，里布"广二寸，长二尺"，当为布帛为材料的有确定大小和格式的专用券据，它相当于支付"地税"的凭证。

秦始皇时期，官吏的日用开销由其管属的百姓共同负担，每年必须缴纳，纳者给与"辨券"。1975年在湖北云梦出土的1100余枚竹简中，完整地保存了秦始皇时期的一套法律条文，关于货币的律文《金布律》对"辨券"的使用有明文规定："县都官坐效，计以负偿者，已论，啬夫即以其直钱，分负其官长及冗吏，而与参辨券。以效少内，少内以收责之。其人赢者，亦官与辨券，人之。其责毋敢逾岁，逾岁而弗人及不如令者，比以律论之。""啬夫"即各县都之平民，"直"即"价值"，平民必须"分负其官长及冗吏"规定价

第四章 贸易的媒介：货币

值的实物或钱币，而且要当年完纳，如果"逾岁"不交者，则要"比以律论之"。"辨券"即为支付官吏费用的凭证。这一法律条文列于《金布律》，足见"辨券"与货币的确有密切的关系。

汉代以前，诸侯聘享有用"皮币"。《汉书·食货志》记载："有司言曰：古者皮币，诸侯以聘享。"至汉武帝元狩四年（前119年）进一步规定，凡王侯宗室向朝廷贡进，必须用白鹿皮币荐璧。

向朝廷贡进时作荐璧用的皮币，本身价值并非十分高昂，正如《汉书·食货志》记大司农颜异所言："今王侯朝贺以仓璧，直数千，而其皮荐反四十万，本末不相称。"可见方尺的白鹿皮实际价值低于仓璧，不足数千钱。由《汉书·食货志》所记当时四铢钱的流通情况可知，规定皮币"直四十万"，并规定"必以皮币荐璧"，实际上是汉武帝回笼社会上过量钱币的一种手段。当时"自孝文更造四铢，至是40余年，从建元以来，用少，县官往往即多铜山而铸钱，民亦盗铸，不可胜数，钱益多而轻，物益少而贵"，"是时禁苑有白鹿而少府多银锡"，于是硬性规定用只有朝廷能供给的白鹿皮"荐璧"才可贡进。这样每方尺皮币可回笼钱币40万，通过这一手段来收敛各地"益多"的钱币的确是非常策略的。值得注意的是，皮币所代表的价值实是支付四十万钱的一个凭据，依然属券据性质。

唐代券据普遍用于货币支付过程之中，出现了一种专用的支付工具"飞钱"，后又被称为"便换"。《新唐书·食货志》记载："宪宗以钱少，复禁用铜器。时商贾至京师，委钱诸道进奏院及诸军诸使富家，以轻装趋四方，合券乃取之，号飞钱。"《因话录》记载："有士鬻产于外，得钱数百缗，惧以川途之难赍也，祈所知纳钱于公藏，而持牒以归，世所谓便换者。"

唐代飞钱、便换的应用范围越来越广，因而经办飞钱、便换的机构亦越来越多，开始是由地方各道在京师所设的进奏院经办，逐步推向诸军、诸使，后来户部、度支、盐铁等机构均经办，直至出现了专门经营飞钱、便换的商人。唐代飞钱产生于唐宪宗时，当时地方官府、诸军要向京师输送一部分钱财；有些富人在京师有现钱来源，而一部分家人住在外地缺少现钱使用。恰好一些商人在外地赚了钱，苦于难以运到京师。这样，就产生了同时使这两种需求都得到满足的办法：商人把现钱交给地方官府，或者驻军、富人在当地的家属等，取得凭证，拿凭证到京师领取同样数量的现钱，双方都避免了长途运输铜钱的麻烦。这个办法就是飞钱，又叫便换。飞钱出现不久，就遭到官方禁止。后来，官方感到飞钱可以利用，就由户部、盐铁、度支三处官

113

署经营飞钱。这是唐代商业经济发展对货币流通与支付的客观需要，大致表现在以下四个方面。

（1）当时社会上钱币流通量需求不断增加，各地均出现了钱币供应量不足的情况，许多地区出现了"钱荒"。交易中迫切需要产生替代钱币的支付或流通工具。

（2）随着交易量的增加，即使凑足了所需钱币的数量，运送和储存既要耗费硕大的人力与物力，又会遇到各种各样危险，而且钱币的大量转手又常是往返地发生，客观上需求一种简便又稳妥的转划钱币办法。

（3）中央与地方之间，钱币的发放与回笼更是调运频繁，繁忙的钱币转运发展到几乎难以正常实现，迫切需求可以代替钱币转运的转划工具。

（4）唐代的财政收入主要依靠设在各地的税场，税场收纳的钱币除了必要的运送外，大多可以通过转划来实现调配，需求有理想的转划工具。

唐代飞钱、便换的运行，缓解了钱币供应量的不足，便利了钱币的调运，促进了商品的流通。宪宗元和六年（811年）曾一度禁除飞钱、便换，结果带来了货币流通的滞缓，商业发生萧条，不得不在次年重新开禁。可见飞钱、便换已成为唐代经济运行中不可缺少的一种支付工具。

唐结束以后，类似飞钱、便换的券据依然在许多地区运用，在某些地区还得到进一步发展。楚马殷年间（907—930年），长沙因所铸行的乾封泉宝大铁钱值低而体重，流通极不方便，出现了运用券据"指垛交易"的情况。券据逐步由支付工具走向在交易中直接流通，为"楮币"的产生进一步铺平了道路。

正式登上历史舞台

唐代的商人发明"飞钱"，信用货币在市场发展的进程中诞生。北宋进一步形成一种制度，出现了便钱务的专门机构。《通考·钱币考》记载，宋太祖时，"取唐代飞钱故事，许民入钱京师，于诸州便换。"令商人在开封入钱左藏库，缴纳2%的手续费，领取特定的券证，至各州即可以券取钱。自开宝三年设便钱务，至道末年，商人便钱达170余万贯，天禧末年增至280余万贯。这一史实足证便钱这一信用手段便利了商人的市场活动。与便钱相类者还有"交引"，这是围绕入中法或茶、盐等专卖产品而进行的。据《通考·征榷考》《宋史·食货志》等记载，商人在京师入纳铜钱或金帛，领取交引，即可

第四章 贸易的媒介：货币

在江淮六务十三场等地支领茶叶，转贩各地买卖。另外一种途径是商人向沿边入中军用粮草，持券至京师，经交引铺为之保任（后来则直接至中央榷货务），支领现钱。交引已经在京师等市场作为证券买卖流通，形成证券市场。开封的交引铺和各地茶商，就有从事交引买卖而获厚利者。

以开封为中心的便钱、交引等信用货币，是以中央政治权力为信用的，而四川则出现以大商人资本为信用的"交子"。四川行用铁钱，货币流通的矛盾较其他地区更为尖锐。"川界用铁钱，小钱每贯重六十五斤，折大钱一贯重十二斤。街市买卖，至三五贯文，即难以携持。"因此交子在民间自发产生，王小波、李顺起义后四川市场已出现交子，只是比较混乱，"民间钱益少，私以交子为市。奸弊百出，讼狱滋多"。李埏据此确认四川交子出现于10世纪后期，至为精当。初期交子与交引无异，和飞钱一脉相承，所谓"楮之始行，非以为楮，以楮飞尔"。仍是一种信用票据，尚未形成统一形制，手续费较开封便钱多1%。正如元人费著《楮币谱》所记载："蜀民以钱重，难于转输，始制楮为券。表里印记，隐密题号，朱墨间错，私自参验，书缗钱之数，以便贸易，谓之交子。凡遇出纳，本一贯取三十钱为息。"

1004年前后，交子的发行权由官府授权富民16户主持，以缓解民间交子的混乱与奸弊诸问题。16富户连保作交子，定期聚会商量，于每年丝蚕米麦将熟之际，印造一两番交子。形制规范统一，"同用一色纸印造，印文用屋木人物，铺户押字"。交子信用提高，使用推广，"无远近行用，动及百万贯，街市交易皆用之"。整顿后的交子，完成了由信用货币向纸币过渡的决定性的一步。但它仍然是信用货币，"书填贯，不限多少"，说明交子面额还没有统一印制。

由于16富户兴衰不定，交子弊端丛出。1023年，宋廷置益州交子务，次年正式发行官营交子。官营交子，规范严格，分届发行，每届行用期为两年，准备金为铁钱36万缗。票面额自1贯至10贯不等。至此，交子作为铁钱的符号和代表，成为完全意义上的纸币。

大观元年（1107年），改四川交子为"钱引"，改称钱引，旨在突出其钱币凭证的意义，在整顿的基础上提高其信用。在此前后，交子

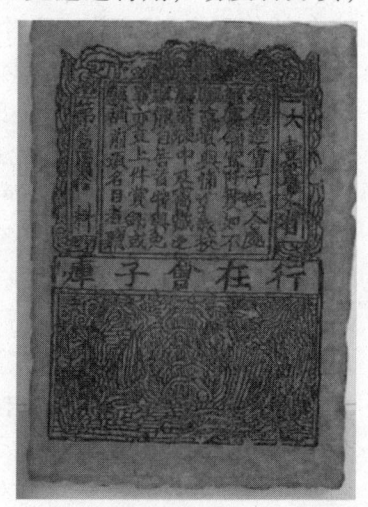

纸币交子

流通地域已从四川扩及陕西,进而至淮南、河东和北方诸路,不过这种扩张与宋徽宗聚敛无度紧密相关,旋踵楮币贬值泛滥直至宋廷南渡。

北宋楮币没有在长江中下游地区流通,但随着交换自身的矛盾尤其是远距离贸易的发展,在邻区楮币的刺激下,其流通亦在指顾之间。南宋初期,临安等地民间会子已应运而生。临安出现了由豪右主持的"便钱会子",极类似于四川的初期交子,或称"寄附会子"。徽州亦有民间会子"往来兑使"。

绍兴六年,宋廷在临安成立交子务,"仿四川法造交子,与见钱并行",称为"和籴本钱交子",始用于两浙、江东、江西官府和籴米谷。后来,宋廷吸取民间私会的经验教训,"体访民间寄附会子,印造官会,论官置吏,论建渐广"。这种官会试行于临安城内外,与铜钱并行。绍兴三十二年,置行在会子务,印造会子颁行东南诸路。乾道五年,会子开始立"界"发行,三年一界,每界行用六年,两界沓行。绍熙元年第七、第八两界会子相继展延三年,此后每界行用期为九年。

会子发行初期,宋廷以南渡前楮币泛滥造成恶性通货膨胀的历史教训为鉴,注意控制会子发行,保持会价稳定,孝宗皇帝自称为此10年夜不安寝。在他统治的20多年间,每界会子发行量稳定在1000余万贯,会价常在每贯700文左右,信用良好,流通状况颇佳。商贾尤称其便,所谓"商人往来贸易,竞用会子。一为免商税,二为省脚乘,三为不复折阅。以此观之,会子可谓通流"。会子作为"轻赍"的种种便利,及面额多样可供多种用途,使其流通之普遍大有凌驾硬通货之势,此时会子发行量没有超过流通领域的货币需求量,甚至民间有人抱怨发行数量太少。直到绍熙初年,一直是会子流通,胜于现钱。

南宋东南会子及其会价变动具有如下特征:其一,会子是以铜钱为本位币的辅币,本位币具有无限法偿特征,而辅币则为有限法偿。会子的有限法偿更甚,因为它基本上是不可兑换的,并且行用六年(后来为九年)之后即收回废止。其二,有限法偿特性与定期收回的规定,使每界会子的会价都形成由高而低的变动过程,越临近收废期限,其价越低。同时,由于两界沓行,形成新旧会价各异而并存的局面,新一界会子的行世对旧一界会子的会价造成较大冲击,使其骤然下跌。其三,同一时期,各地会价不一,距发行处行在会子务越远,信用越低,楮价越贱,使用亦越稀少。袁说友所观察的局面是,1000官会,在临安相当于七百二三十文现钱;其周围的湖州、秀州及越州、婺州等地,只得六百七八十,远至衢州、信州、江东、福建,则只得六百以下,"越远越轻,越轻则越不用"。

第四章 贸易的媒介：货币

会子的这些特性充分反映了它作为初期纸币的不完善性与不稳定性，也注定了它必然走向衰落的历史命运。孝宗之后，会子的黄金时代结束。光宗即位发行当界会子即超过 3000 万贯大关，自此一发不可收拾，据《鼠璞》记载，开禧年间的第十一界会子 3600 多万，第十二界 4700 多万，第十三界 5500 多万，市面流通三界总额高达 14000 多万。货币流通规律表明，当商品价格总额与货币流通速度不变时，币值与货币数量成反比例变动。会子发行量不断增加，会价遂如江河而下，逐年下跌。

禁铸铜钱： 纸币的鼎盛

元是纸币的极盛期。元朝在至元二十四年（1287 年）到至正十年（1350 年）的 60 多年间，禁止在交易中使用金银铜钱。这就是说，在这段时间内只有纸币是合法货币。据元朝人陶宗仪记，元世祖忽必烈问那位当和尚出身的"高参"太保刘秉忠，该建立怎样的货币制度。刘秉忠回答："钱用于阳，楮用于阴。华夏阳明之区，沙漠幽阴之域。今陛下龙兴沙漠，君临中夏，宜用楮币，俾（让）子孙世守之。若用钱，四海且将不靖（安定）。"于是元世祖就决定不铸行铜钱（《辍耕录·钱币》）。后王伟也讲"废钱而用钞，实祖宗之成宪，而于术数之说为有符"；而铸行铜钱，是违背"典宪"和"图谶"（《王忠文公集·泉货议》）。可见陶宗仪所记并非全无根据。刘秉忠用了什么"图谶"来说服元世祖，已难知晓。但是，用图谶来说服众人是一回事，主张用纸币而不用铜钱的真实动机又是一回事。刘秉忠提出此种主张，大约主要是考虑与当时北方地区旧有货币制度的衔接。

元朝纸币

事实上，金后期已经有了禁止使用金银铜钱而以纸币为主币的苗头。金早在承安三年（1198 年）就规定几个主要商品交易中一贯以上不许使用铜钱。随后泰和八年（1208 年）又把这一规定的行用范围扩大到东西两京等地区。到了贞祐三年（1215 年）正式下令禁止使用铜钱。"自是，钱货不用"（《金史·食货志》）。到了元光三年（1223 年），金又规定：交易中，价值银三两以下的一律不准使用白银,三两以上2/3用纸币,1/3使用白银,并且强制规定纸币与白银的比价。这同禁止使用白银交易已经较为接近了。用纸币而不用铜钱,可以避免因纸币、铜钱两者之间的比价问题引起的诸多麻烦。

元朝在发行中统钞的最初阶段是较为成功的。这是因为官方建立并认真维护了准备金制度,控制了发行数量。元朝的纸币制度是中国历史上最详细、最完备的。它是宋、金发行纸币数百年经验教训的总结。元朝至元二十四年(1287年)颁行的"至元宝钞通行条划"14款1000多字,照顾到了发行纸币的方方面面,显示出当时我国在纸币发行管理理论方面已经达到较高水平。由于元代纸币在许多时间里是唯一的法定货币,纸币就成为完全法偿的货币,这样就避免了宋代常常发生的地方官府征税拒收纸币的问题。元代纸币是第一主币,而宋代纸币不过是铜钱、铁钱的代用物。由于元基本不铸行铜钱(只有个别时期有少量铸行),所以元代纸币有二文、三文、五文等小面额的(宋、金纸币最小面额为100文的),这样元代纸币品类比前代更为齐全。

铜钱最突出的缺点是价贱体重。我国有一出著名的戏名《十五贯》,又名《错斩崔宁》,讲的是刘贵将岳父给的15贯钱,假说成是卖妾所得,引出的曲折故事。那么15贯铜钱有多重呢?如果这些钱都是合乎标准的铜钱,则15贯应有75斤重,这是体弱的人背不动、体壮的人背上走不远的。史书上又记载有这样一件事:宋太祖赵匡胤有一次带人视察库房,他看到跟随他的有勇将周仁美,就问周仁美:"你能背得动多少钱?"周仁美回答:"我能背得动七八十贯钱。"宋太祖说:"那岂不要让钱压死了!"于是他命令周仁美背起45贯钱在院内走一圈。周仁美照办,宋太祖就把这些钱赏给了周仁美(《宋史·周仁美传》)。80贯钱重约400斤,宋太祖认为周仁美背不动,45贯钱重200多斤,周仁美能背着走一圈,自然也是壮汉。在大宗交易中,铜钱就显得非常不适合。如买一匹马,在宋代要用约50贯钱,这些钱重250斤,两个壮汉也未必能背上走10里路。一匹马的交易尚且如此,更不要说更大宗的交易了。

然而铜钱的缺点并不止于此。它另一个突出的缺点是易于盗铸(指私人违法铸造)。综观我国的铜币史,官方与私铸的斗争可谓史不绝书。凡是官方铸行虚价大钱,每次都势必引起私铸泛滥,进而导致市场混乱,最后通常都以虚价大钱被废止或官方宣布虚价大钱降值使用为结果。从较早的汉武帝铸行赤仄钱,到唐肃宗铸行乾元重宝,再到宋仁宗铸行庆历重宝、清咸丰帝铸行咸丰重宝等,情况如出一辙,结局概莫能外。尽管我国很早就有人提出了

第四章 贸易的媒介：货币

"不惜铜爱工"的原则，但是历朝历代铸钱惜铜图利的事却是屡见不鲜。钱币减重问题更是中外都颇流行的现象。既惜铜图利，则所铸钱必然体轻质次，前后不一。官方铸钱既如此，就给盗铸提供了条件。回顾历史，大抵盗铸泛滥往往都与官方铸行劣钱相联系。盗铸的钱币大抵都是劣币，所谓"上贯即碎，风飘水浮"的劣币几乎代代都曾有过，剪纸涂泥的伪币也就随之产生，而劣币一多就会造成市场混乱。

上面所述的铜钱质量不一的问题相连，就又派生出一个新问题，即实用时难以剔除劣币。铜钱都是成百上千、成串成贯地使用，交易中要是一枚一枚地挑拣该是多么不方便。

在社会秩序较为混乱时，铜钱的弊病就更加突出。因为这种时候官方造的虚价大钱、劣币，与民间盗铸的劣币互相混杂，造成物价剧烈波动，进而导致铜钱的信用危机。这时人们往往拒绝收受铜钱，而寻求比它更可靠的代替者。唐末五代、金朝末年、南宋末年都出现了人们乐于使用白银而不愿使用铜钱的情况，就是由于这个缘故。

铜钱的衰落比纸币早，几乎就在它达到鼎盛阶段不久，事实上已经走了下坡路。

铜钱的铸造量在北宋达到历史最高峰以后，便急剧地下跌。南宋一般年份只能铸行约10万贯铜钱，其中还包括半数以上的当二或当二以上的大钱。与南宋南北对峙的金情况也不比南宋好，这与我国铜矿主要分布在南方有一定关系，但更重要的原因，无论是南宋还是金，都是由于经济、社会生产发展受到了较严重的破坏。经济遭受破坏以后，物价上涨，铸钱亏本十分严重，有时造一贯钱竟要花费五六贯甚至更多的钱，官府便不愿也无力多铸钱。

铜钱的衰落也与纸币的发行有关。元、明二代铸钱很少，主要原因之一就是官方怕铜钱流行会影响纸币，以致竟几次下令禁止使用铜钱。

元朝于至元十四年（1277年）下令禁止江南使用铜钱。至元二十四年（1287年）元朝尚书省颁布《至元宝钞通行条划》，其中有在全国范围内禁止使用铜钱的规定。元武宗至大三年（1310年）铸行至大通宝（汉文）、大元通宝（蒙文），但第二年就因元武宗的去世而罢止。元顺帝至正十年（1350年）铸行"至正通宝"等钱，至正十四年（1354年）下令停铸，这时离元朝灭亡只有十几年了。今天所能见到的至正钱有三类，一类钱背铸有地支（寅、卯、辰等）纪年，用的是蒙文。另一类钱背有纪值的蒙、汉两种文字或只有纪值的蒙文。以上两类钱的正面都铸汉文"至正通宝"四字。还有一类被称为"权钞钱",钱的正面却铸的是"至正之宝"。这种钱的钱背穿上铸"吉"字,穿右铸"权钞"二字,穿左铸有标明金额的字,计有"伍分、壹钱、壹钱五分、贰钱五分、伍钱"五种,钱的大小轻重也因面额大小而不同,最大的伍钱权钞钱,重约143克,直径也是清代以前流通钱币中最大的。专为扶持纸币而铸行铜钱,也是前所未有的。元代只有两次铸铜钱的记载,两次时间都很短暂,元代铜钱铸造量是很少的。

银为主钱为辅

在人民反元的基础上,朱元璋建立了明朝政权。明初为了巩固新建立的政权,统治者一方面采取了减轻农民负担,实行许多鼓励、恢复农业生产的政策措施,使农业有了明显的恢复和发展,粮食等主要产品产量大幅度增加;另一方面对工商业的恢复和发展也采取了鼓励态度。如洪武年间曾下令停闭各省官营冶铁,允许民间自由开采与买卖。政府对私人矿冶只征收2/30的实物税,还裁并了许多收税关卡,先后取消了农具、舟车、丝布、牲畜、饮食等税收,使得明初的社会经济有了较大的发展。至明中叶,近代资本主义萌芽在中国开始出现。这个时期的货币经济也呈现出了新的景象。在明朝之初的一段时期内,始终是由政府发行的不兑换纸币,并且钱钞兼用,于是形成了以纸币为主、铜钱为辅的纸币流通制度。大明宝钞币制成为定制后一直没有更改。到了明朝末期,由于政府滥发纸币,造成了纸币贬值,政府虽有令禁止金银铜币的流通,实际上并未能得到贯彻。纸币流通日益消失,最终名存实亡。

贵金属作为货币具有量小、值大、易分割的特点,有利于活跃商业经济的发展和流通。中国早在春秋战国时期,贵金属金银就已充当货币开始流通。在当时的生产力水平下,金银在民间的使用受到了限制,只能在官府、巨富商贾之中使用。贵金属真正作为普遍使用的货币还是在明朝。据史料介绍,在洪武三十年(1397年)时,杭州诸郡商贾之间交易"不论货物贵贱,一以金银定价"(《太祖实录》)。贵金属银的广泛流通是经济发展的结果。明时,国内商业已相当繁荣,较前更为兴旺。当时有较大的城市数十处,对外贸易也有了很大发展。国内外市场的开拓和贸易量的扩大,客观上要求贵金属来充当一般等价物。明人王世贞通过对不同等价物的比较后指出:"凡贸易,金太贵而不便小用,且耗目多而产少;米与钱贱而不便大用,钱近实而易伪易杂,米不能久,

第四章 贸易的媒介：货币

钞太虚亦复有邑烂，是以白金（银）为之币，长也"（《弇洲史料后集·钞法》）。所以，在明英宗正统时（1436年）解除了银禁，自此白银不仅在流通中日益成为主要的手段，而且取得了合法的货币地位。促进贵金属白银广泛流通的另一个原因是当时的赋税征银制。明英宗在弛用银之禁后不久，就搞了"金花银"，即是将浙江、江西、湖广、福建、广东、广西、南畿等地的田赋米麦余万石折征银两，首开以白银征赋之例，使白银成为法定支付手段的地位得以进一步确定。嘉靖四十一年（1562年）又开始对各地"工匠"实行以银代役制。这样，到万历九年（1581年）就正式在全国实行赋税改革：把丁役、土贡等项通通归并于田赋之内，采取"计亩征银"，即推行"一条鞭法"税收制度。自此，明清赋税一直采用以银两计算。于是白银的流通在社会的各阶层中更为普遍化，以致明末时，民间的小买卖也以碎银支付。

明中叶随着货币经济的深入发展，使信用关系和金融业取得了长足的进展，为适应日益频繁的商品流通和商品交换的需要，许多地方出现了钱庄、银号、票号等金融组织。据史料介绍，自清康熙年间至道光十年（1830年）之前，北京开设的钱铺就有389家，此外还有一些附带经营兑换业务的金店、参店和绸店商店。在清乾隆四十年至嘉庆十年间（1776—1796年），上海有钱庄106家。钱庄银号主要是担负铜钱银两的兑换业务。银号最初出现于清初。票号除了承担汇兑业务外，还经营存款、放款等业务。票号约产生于清乾隆年间，多为山西人所开，这也与山西商人活动出名有关。有些票号往往一家就在全国许多地方设立分号，会票自由流通。时人记述说："山西钱贾，一家辄分十余铺，散布各省，会票出入，处处可通"（冯桂芬：《显志堂稿·用钱不废银议》）。到鸦片战争前，北京已有钱铺千余家，大者拥有资金不下一二十万吊，中等钱铺也有数万吊。钱庄发行的钱票遍及京、津、山西、山东、广东、广西、江苏、安徽近20个省。

明代典当业比前更为发达普遍，各式各样的解库、解铺、典库、典铺、解典铺、当铺、质库、印子铺等名目繁多。典当业与商业资本有着密切的关系，多是商业发达之地如山西、陕西与徽州人开设的。如明万历三十五

白银

年（1607年），单是河南一地就有当铺213家，资本多拥有银钱数千两，并且大都又是徽商所开。到清中叶时，典当业发展更为普遍，尤以京、津及山西、广东、福建、甘肃、贵州、陕西等省为甚。如清乾隆九年（1744年）仅北京城内外，就有官办民办的大小当铺六七百家，资本少者千余两，多者数万、十数万两以至更多。

知识链接

明末农民政权所用货币

明末清初的文人吴伟业《绥寇纪略》就曾提到李自成铸钱的情况，从中可知当时铸钱的目的是平物价，以应对物价飞涨的情况。可以分为两个农民政权来研究这一时期的钱币。

大顺国钱币：永昌通宝

李自成攻破西安，建国号大元，称大顺王，建元永昌。其所铸钱币为"永昌通宝"。现在所见的永昌通宝钱分为两等，钱币上写楷书，铜制，背面没有文字，这些钱币在稳定经济方面起到了一定的作用。

大西国钱币：大顺通宝、西王赏功钱

明代崇祯十六年（1643年）五月，张献忠攻占武昌，称大西王。次年，攻下成都。后定国号为大西，建元大顺，铸有"大顺通宝"及"西王赏功钱"。大顺通宝铜钱分为背文有"工""户""川户"及无文字四种，都是铜钱，楷书。西王赏功钱，以"西王赏功"为文，是一种目的在于奖励有功者而铸造的钱形奖章，不是流通的钱币，有金、银、铜三种，面文楷书，背无文。

第五章
中国古代政府对贸易的管理

自贸易产生，历代政府就对贸易进行了严格的管理，把贸易当作政府的重要收入。同时，这种严格的管理，在一定程度上也限制了贸易的进一步发展。

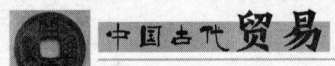

第一节
贸易政策与市场管理

古代的贸易管理雏形

从社会发展演变的历史观察，家庭手工业和制造业是农业自然经济得以存在和发展的条件，是农业经济的有机组成部分。《孟子》说："一人之身，而百工之所为备，如必自为而后用之，是率天下而路也（困穷之路）。"就是说，人的生存，从食具、生产工具，到生活用具、器具，均需通过社会分工（包括家庭手工业和制造业）来保证。从这个意义上来讲，农业、家庭手工业和手工制造等行业是相辅而行，同步发展的。大量出土文物表明，商代手工业已在向专业化发展，包括青铜冶铸、制陶、制骨、制玉、漆器、皮革、纺织、编织（竹）、制木、舟车等；规模较大的手工业作坊大部分集中在王都所在地，在这些工场劳动的总称百工。在郑州商城遗址中也发现了商代的炼铜遗址以及制骨、制陶和酿酒作坊。这些作坊，大多属于为国家、官府服务的官营手工业，仅天子之六工，即包括近30个工种。为此，商王设置"司工""多工"等工官来进行管理。周灭商后，将商朝的百工技匠全盘接收，成了西周官营工业的基础。西周设大宰以九职任万民，以"百工，饬化八材"。武王克商时，分给鲁公殷民六族，分给康叔殷民七族的绳工、酒器工、陶工、旗工、马缨工、锉工、竹篱工、椎工等，则涉及兵器、容器、玉器、乐器、皮革、建筑、编制、陶器以及工具制造等各个行业，也大多属于官营工业。设"司工""工尹"进行管理，"工有不当，必行其罪"。

在商业方面，根据《周易》所说，商品交换（集市贸易）活动，开始于神农氏时期，"日中为市，致天下之民，聚天下之货，交易而退，各得其所"。

第五章 中国古代政府对贸易的管理

以后，黄帝、尧、舜等都组织商人"服牛乘马，引重致远，以利天下，盖取诸随"（《易·系辞下》）。相传舜曾"贩于顿丘"（《尚书大传》）。随着生产的发展，某些生产工具或用品，不是一个家族或一个部落所能有的，必须通过交换才能得到，所以夏禹承认商品交换的地位、作用是"贸迁有无，化居蒸民，乃粒是也"（《尚书·益稷》）。商王朝时，由于社会分工的进一步发展，剩余产品增加很多，促使商品交换迅速发展。从考古发掘所见，商代以贝为货币，由于天生贝（自然贝）稀少难得而珍贵，而交换的发展又需贝币很多，于是，在自然贝之外，又以人工制贝，如珧制贝、骨制贝和铜制贝以代替。由于以贝币作交换媒介，贝的体积小，又便于携带，因而出现了"肇牵牛，远服贾"的动人景象。西周统治者为繁荣经济，保证公私需要，曾颁行条件优惠的招商措施。据史传，周文王迁移至程（原注：地在岐州左右）后三年遭遇大灾荒（《竹书纪年》记帝辛三十五年，周大饥），于是，文王命所属官吏，检查工作失误，采取轻税节用、赈贷救灾、劝农力耕、生产度荒等措施，还布告招商，"于是告四方游旅，旁生忻通津济道宿，所至如归。币租轻乃作母以行其子，易资贵贱以均游旅使无滞；无粥熟、无室市，权内外以立均，无早暮间次均行"。武王克商后，为振兴经济，安定民生，采纳周公建议继行周文王"来远宾，廉近者"的政策，告令县鄙商旅知晓"能来三室者，与之一室之禄"，指能招来三户商人的，奖给一农户一年的农田收入。同时，"辟开修道，五里有郊，十里有井，二十里有舍，远旅来至，关人易资，舍有委，市有五均，早暮如一"。

据《周礼》所记载，西周对市的设置、启闭时间、贸易内容等都有明确规定。为保证正常的商业活动，设有司市、质人、胥师、贾师、司武虎、司稽、肆长等职官进行管理。这些制度与规定，为国家活跃城乡经济，规范交易行为，严格市场秩序，保证税费征收等，从思想认识、制度设计、机构和人员配置等方面，奠定了牢固基础。

贸易管理系统的初创

中国古代贸易管理形成一套比较完整的系统，是在西汉时期。西汉政府对市场的管理，主要在城市。管理的目的，一是征收市税，增加财政收入；二是稽查违法者，平抑物价；三是维护市场秩序；四是管理"市籍"。商人入市营业，必先登记，故市内商人皆有市籍。

1. 市署

在城市正规市场中,市官集中在一个市楼办公。《史记·三代世表》褚先生云:"臣为郎时,与方士考功会旗亭下。"注云:"旗亭,市楼也。立旗于上,故取名焉。"但成都出土的《市井》画像砖,市楼上并未立旗,而是上悬一鼓,故有些地方的市场是击鼓开市。"市楼皆重屋",即二层以上楼房,以便市官居高俯察"商贾货物买卖贸易之事"。市楼又叫旗亭楼,因西汉承袭西周以来"举旌当市"之制。开市时间一到,便在市楼顶端立旗,作为开集标志。当然,在一些中小城市的市场中,市楼就没有大市市楼那么雄伟,其市署如亭一样,故称"市亭"。

2. 市官设置

西汉市官讲求精简精干,地位比先秦市官高。最高长官称市令或市长。"更名长安东西市令及洛阳、邯郸、临淄、宛、成都市长,皆为五均司市师。东市称京,西市称畿,洛阳称中,余四都各用东西南北为称。皆置交易丞五人,钱府丞一人。"就是说,长安东市、西市,规模特大,各设市令,其他则设市长或市丞,因秦汉时大县置"令",小县置"长","令"大于"长",于市亦然。《史记》作者司马迁的曾祖父司马无泽就曾任"汉市长"。市官与地方行政长官品位套级,是西汉市官制度的一个变化,也是西汉重视市场管理的一个重要方面。

在市楼办公的还有都尉,系武职,主管捕治盗贼,是较高级且令人惧怕的市官。如诸霍人平阳市场捣乱,被市吏尹翁归制服。还有"何武兄弟五人,皆为郡吏,武弟显家有市籍,租常不入县,数负其课市,啬夫求商辱捕显"。京师,治安尤为重要。因此,朝廷有时便以三辅都尉兼领长安市。此外,市吏、市掾、市啬夫等,在市令(长)领导下,各司其职。一是负责市籍注册登记,监督买卖双方签订契约,加盖官印,以

古市楼

第五章　中国古代政府对贸易的管理

为凭证；二是稽查市场交易情况；三是检查度量衡是否合乎规范，各市均有专用"市器"，如铜或陶制量器、容器等，器上有某市的专门标志；四是评定市价。这是市吏最重要的一项职责，如何评定市价？"诸司市常以四时中月，实定所掌，为物上、中、下之贾（通价），各自用为其市平，毋拘它所。众民买卖五谷、布、帛、丝之物，周于民用而不售者。均官有以检厥实，用其本贾取之，毋令折钱。万物昂贵，过平一钱，则以平贾卖与民，其贾低贱减平者，听民自相与市，以防贵庚者。"就是说，各市都以每季第二个月核定市场诸货物价格和等级，有关粮棉之物，事关国计民生，若卖不出而造成积压，便由五均官据实按成本价格收取，使勿赔本，若货物高于标准价一钱，便按上、中、下标准核价出卖，若价低于标准价，则允自由买卖，目的是防止货物囤积。政府对市场物价的干预，维护消费者利益，于此可窥见一斑。

 3. "五均六管"之制

五均，即管理市场物价之官署，此制早已有之。《逸周书·大聚》说："市有五均，早暮如一。"均者，平也，言早暮一价。汉末，王莽居摄，广为改制，于市亦然。他于长安、洛阳、邯郸、临淄、宛、成都立五均、司市和钱府官，行赊贷之法。为何立五均？"天子取诸侯之士以立五均，则市无二贾，四民常均。强者不得困弱，富者不得贫。则公家有余，恩及小民矣。"此段溢美之词，从另一侧面道出了缘由。自汉武帝后，开放了商贾不为吏的禁令。从此官商一家，互为勾结，操纵市场，哄抬物价，牟取暴利。汉初那种"无为"的市场管理体制，已无多大约束力。"今开赊贷，张五均，设诸管者，所以齐众庶，抑并兼也。"可见，五均官署的设立，是自汉武帝以来平准法的发展，在抑制富商大贾兴风作浪方面有积极作用，值得褒赞。

六管，亦为王莽所创行。王莽"初设六管之令，命县官酤酒、卖盐、冶铁、铸钱，诸采取名山大泽物者税之。又令市官收贱卖贵，赊贷子民，收息百月三"。显然，六管就是指酤酒、卖盐、冶铁、铸钱、管理矿物、征收赋税六事。实际上也是自汉武帝实行盐铁专卖制度以来的扩展。王莽打着抑制"豪民富贾""即要贫弱"的幌子，实行国家干预的办法，强制推行，以搜刮财源。这一点，王莽在其诏书中说得很露骨。"夫盐，食肴之将；酒，百药之长，嘉会之好；铁，田农之本；名山大泽，饶衍之藏；五均赊贷，百姓所取平，仰以给澹；铁布铜冶，通行有无，备民用也。此六者，非编户齐民所能

家作,必仰于市,不得不买。豪民富贾,即要贫弱,先圣知然也,故管之。每一管设科条防禁,犯者罪至死。"王莽推行六管商品专卖政策,在一定程度上讲,是对城市经济实行管制的好措施,但也是对人民的一种剥夺,又是对消费市场与贸易的一个冲击,即将一些主要商品由市场自由交易变为官家垄断贸易。

唐代对市场的管理

商品经济的发展,必然导致市场贸易的繁荣。据《长安志》记载,唐都长安东西两市商业兴隆,"东市'市内货财二百二十行,四面立邸,四方奇珍,皆所积集'";西市"市内店肆如东市"。东都洛阳为第二大商会,此外,扬州、成都等许多都市商业也十分发达,市场贸易繁荣。唐代的市,仍为定时集合之市,交易的地区、时间都有规定,而且市场的设置仅限于州县治所以上。随着封建经济的不断发展,中唐以后,唐代的市也发生了许多变化,主要表现在:第一,以前仅规定在州县治所以上设置的惯例逐渐被打破,一些交通要道和商业交易集中的地方也普遍置市;第二,农村定期"草市"的大量出现;第三,夜市的大量出现。大量交易市场的设置,必须相应建立健全市场管理制度。唐代市场为封建市场,建立在这种市场上的市场管理制度,自然是封建市场管理制度。即使如此,我们研究唐代市场管理制度,对于今天社会化大生产条件下的市场管理和监督,或许也有一点参考价值。

 1. 设置市场官吏,明确市官责任

唐代市场也实行封建市场管理制度

唐朝在州县以上市场均设有管理市场的机构或官吏。据《新唐书》所记载:唐朝在京都设有两京都市署,"市都诸市令,掌白族交易之事,为之贰",令、丞之下设有录事、府、史、典事、掌固等属吏。"大都督府市令一人,掌市内交易,禁察非为;通判市事丞一人,掌判市事、佐一人,史一人,

第五章　中国古代政府对贸易的管理

师三人，掌分行检察"，掌固三人，掌看守仓库及陈设等事。中都督府和下都督府市官的设置与大都督府基本相同，唯下都督府设有掌固二人。市署在都府以上隶太府寺，"太府寺……掌财物、廪藏、贸易总京都四市，左右藏，常平七署"。上州、中州（户满二万户以上为中州）、下州（户不满二万户为下州）市场各设有令一人、丞一人、佐一人、史二人（下州设一人）、掌固二人（上州三人）。畿县之市设有市令一人、佐一人、史一人、掌固二人，普通各县均设市令一人、佐一人、史一人、掌固二人。在镇虽无专职市官，但市场事务由仓曹参军事掌理，镇之仓曹参军事"掌……监印、给纸笔、市易"等事。唐代市场官吏的主要责任，大致可以概括为以下几个方面：

（1）评议物价。唐朝规定：对市场物价，主管官吏要每10天对市场上的货物估计一次，同一货物视其质量不同，分为上、中、下三等，并用簿加以记载。

（2）监校斛斗秤度。唐朝十分重视市场所用度量衡的统一和监察，以防交易者用"斛斗秤度"巧取非利。唐《关市令》规定："每年八月诣金部、太府寺平校，不在京者，诣所在州县平校，并印署，然后听用"，如果主管官吏"校斛斗秤度不平"则负刑事责任。

（3）对特定物的买卖，为交易双方定立和发放券契即买卖契约。唐朝统治者为了避免和有效地解决交易纠纷，对一些买卖特定物，规定必须由市司为交易双方定立券契。《唐律疏议》规定："买奴婢、马牛驼骡驴等，依令并上市券"，如果市场官吏在此类买卖成交过价后，不及时给买卖当事人发券契并加核实，则"一日笞三十，一日加一等，罪止杖一百"。

（4）征收商税。征收商税是市场管理官吏的最重要职责之一。唐朝为了防止乱征税，规定"凡税敛之数，书于县门、村场，与众知之"。为了鼓励外商前来贸易，规定除应征商税外，不得对外商加重税率。这对限制官吏巧立名目对商人进行盘剥，促进唐市场经济的繁荣，无疑具有一定的积极意义。

（5）掌管市场门户，维护市场秩序，查禁非违事件。唐朝的市场都有固定地点，围以垣篱。"凡市，日中击鼓三百以合众，日入前七刻，击钲三百而散。"散市后，市官遂关闭市门。如果市官擅自开闭坊市门，或者不按时开闭坊市门，要负刑事责任。

唐律在规定市官法律责任的同时，还严厉惩治市官利用职权之便巧取豪夺、贪赃枉法行为。严禁监临官受财、乞索财物、借贷部属财物等行为，严

禁"挟势取财"。这些规定在一定程度上限制了市官的巧取豪夺，有利于市场贸易的发展。

2. 严格质量监察，禁断非法交易

唐朝十分重视对市场买卖的监察，严禁用不正当的手段和方法进行交易，严禁买卖禁物，以保证市场交易顺利进行，维护地主阶级的政治经济利益。

（1）严禁出售质量不合格的物品。"凡官私互市，物数有制。凡缣帛之类，有长短、广狭、端正、屯缜之差"，若不合其制则禁止出售。市及州县官吏知情，各与罪同；不觉者，减二等。这种严格规定，一方面有利于人民身体健康，有利于督责交易做到货真价实；另一方面，市官因市商出卖质量不合格的物品还要负连带责任，这在一定程度上加强了市官的责任心，能够较好地履行其岗位责任。

（2）严禁用非法手段和方法进行市场交易。唐朝政府不但重视对于市场商品质量的监察，而且对于交易活动严格监督，对用非法手段和方法进行交易谋取利益的行为给予法律制裁。主要表现在：第一，严禁私自造作斛斗秤或秤不平在市执用。私自造作度量衡秤不平，一则不利于度量衡的统一，再则也会使使用者利用度量衡作弊，求取非法利益，因此唐律严加禁止。第二，严禁"参市"行为。"参市"就是非买卖当事人与买卖当事人一方勾结，故意哄抬或者压低价格，从而获取利益的行为。唐律规定："若参市，而规自入者，杖八十。已得赃重者，计利，准盗论。"第三，严禁"更出开闭，共限一价"的行为。所谓"更出开闭，共限一价"，就是贩卖之徒为了谋取利益，相与共谋，互相勾结，卖物以贱为贵，买他人物则以贵为贱，以及共同限定一个价格进行买卖的欺行霸市行为。

（3）严禁交易禁物和行使恶钱，维护封建经济秩序。严禁买卖与诸蕃互市禁物。《唐律疏议》说："禁物者，谓禁兵器及诸禁物，并私家不应有者。"不仅严禁在市场上出售禁物，而且严禁与化外人交易禁物和私相交易。

3. 维护市场秩序，加强市容管理

维护市场秩序和安定，加强市容管理也是唐代市场管理制度的内容，是

市官的主要职责之一。为了维护市场秩序与安定,唐律做出了以下规定:

(1) 严禁在市众中惊动扰乱。唐律规定:"诸在市及人众中,故相惊动,令扰乱者,杖八十;以故杀伤人者,减故杀伤一等,因失财物者,坐赃论。其误惊杀伤人者,从过失法。"

(2) 严禁在市中走车马。由于街巷坊市人多,乘车骑马奔跑不但会伤害行人,而且会扰乱市场秩序,所以唐律对在市中走车马加以明文禁止,规定:"诸于城内街巷及人众中,无故走马者,笞五十;以故杀伤人者,减斗杀伤一等(杀伤畜产者,偿所减价)。"虽有公私要务,如果走车马杀伤人也要负刑事责任。

(3) 严禁越及毁坏坊市垣篱。市场都设有门,行人进出必须由门,如果攀越和毁坏市场垣篱,给予制裁。唐律规定:"越官府廨垣坊市垣篱者,杖七十,侵坏者,亦如之(从沟渎内出入者,与越罪同,越而未过,减一等)。"

(4) 严禁在市场进行危害皇帝及封建国家的活动。集市人众,利用集市贸易进行不利于统治阶级的宣传等活动,具有更大的影响和社会危害性。为了维护地主阶级政治经济统治,法律对其严加禁止。

唐朝在维护市场秩序,加强市场交易活动管理的同时,也十分重视对市容的管理整治。为了使市容整洁宽敞,严禁筑墙建房侵占市场。如大历二年五月敕令:"诸坊市街里,有侵街打墙,接檐造舍等,先处分,一切不许,并令毁拆……如有犯者,科违敕罪,兼须重罚。"私自建筑侵占市场,不但要责令其拆毁,还要对建筑者加以处罚。为了维护市场卫生,严禁在市场和街巷排泄和倒污物。规定:"其穿垣出秽污者,杖六十,出水者,勿论,主司不禁,与同罪。"为了使市场整洁安全,还责令对市场建筑物不时修缮。如"大历八年七月,京城内诸坊市门,至秋成后,宣令所由勾当修补。"

王安石的贸易"变法"

被列宁称赞为"中国十一世纪的改革家"的王安石,其变法也取得了很大的成就,在中国和世界历史上都有着重大的影响。国外的学者在提到古代中国的改革时也常以王安石为例。

王安石(1021—1086年)在历史上不仅是勇于改革的政治家,也是北宋时著名的学者和诗人。王安石断断续续当了6年宰相，在任地方官时就力推变法，在宋神宗即位时改革已持续了15年之久。他的变法主要是经济性质的，主要涉及青苗法、免役法、市易法、农田水利法，以及经济行政机构方面的改革等。

青苗法开始于1069年，它是由政府在播种前向农民预贷种子和食货，在收获后归还。贷放青苗钱的具体办法是：在每年夏种、秋种之前，政府按时发放贷款（如夏种贷款在正月三十日前发出），农户可以向政府申请贷款，但必须得到十户其他农民的担保，保证其收获后归还贷款本息。农民的贷

王安石画像

款要偿付20%的利息，并按贷款时约定的价格以实物偿付。如果到期市场谷物价格上涨，借款人也可以货币偿还，但总数不得超过原借款数的30%，余者仍得以实物缴纳。这些贷款由农民自愿申请，政府不能强迫农民要与不要。由此可见，推行青苗法可以达到稳定谷价、鼓励农业生产和增加财政收入的目的。同时也能使无法维持再生产的农民获得一些种子和平价粮以渡过难关，把生产照常进行下去，这是有利于生产发展的。

免役法是王安石执政之初就提出来的一项变法，经过两年多的准备，于1071年宣布以差役法代替募役法。在10世纪时，中国在基层政权中仍然保留着一些非生产性的劳役（即差役）。这种差役对中小地主和农民来说是一项沉重的负担。据说，曾有一衙前（差役的一种）为了解送七钱黄金到千里之外，后又因管库官吏百般刁难而一年多不能归家，个人既遭受到了经济的损失，又失去了生产劳动的时间。王安石的免役法就是将这种差役全部改为募雇形式，给予一定报酬并二至三年更换一次。这笔费用由"乡村及坊墩人户按资产贫富分等，以夏秋两季随等纳钱"。王安石这种解除徭役的做法，使农民以及一些中小地主能够有稳定的生产劳动时间，负担也有所减轻，还为财政增加了收入。到元丰八年（1084年），免役钱收支相抵后，尚常有三四分以上的盈余，成为政府一笔很大的现金储备。免役法在城市里也得到了贯彻，城市从事商业和手工业的工匠人员可以用现金缴纳代替实物供奉，政府用这种

第五章 中国古代政府对贸易的管理

王安石雕塑

收入支付京师官吏薪俸。虽然这还不是完全的徭役代金性质，但实行的结果无疑是有利于商品经济货币的发展。

市易法开始于1073年，其做法是：在城市设立市易务，由政府提供大量资金作为铺底金。行铺牙人经申请登记缴纳保金充当市易务的行人或牙人。如有外地行商运来的时销货一时无法脱手，由市易务收下代销，价格预先评定，全部价款由市易务先行垫付。经登记的行商牙人则可以从市易务领取货物贩卖，分期付款，在半年内付清货款的按10%计息，一年内付清货款的按20%计息。非时销货也可先储存，待以后出售，亦可由市易务预买。封建官府所需物品亦可交由市易务代购。在此之前，王安石还实行均输法，通过国家参与商业活动来调剂吞吐，平抑市场，防止兼并。

王安石变法总的精神是为了维护中小地主集团的利益，其目的是"摧抑兼并，均济贫乏"，但也减轻了农民的一些负担。通过变法，在一定程度上缓和了土地兼并，促进了生产发展，增加了国家收入，加强了军事力量。但王安石所推行的新法在宋神宗死后即被废除了，熙宁十一年王安石也被罢相，不久辞官退出了政治舞台。王安石变法虽然遭到了反对派的议论和攻击，但其影响却是十分深远的。

明清政府对贸易的严格管理

明代对市场与物价的管理较之前代丝毫没有放松，在某些方面还更具体、更严厉。概括起来，主要表现在如下几个方面：

第一，编审铺户。为了加强对市场与物价的管理，政府对铺户实行了编审制度。清查编审之期，最初是10年一次，"铺行清审，十年一次，自成祖皇帝以来，则已然矣"。（沈榜《宛署杂记》）到世宗嘉庆年间，改为5年一次，改变的原因是由于富商逃避，征税减少，不得不缩短编审期限。

除了对铺户进行编审外，还对诸色牙行及船埠头发给执照，定期送检。

第二，管制度量衡器。管制市场交易所用之度量衡器，是管理市场与物价的一个重要方面，因为使用不同的度量衡器，是奸商欺骗消费者以博取奸利的手段之一，而缺斤少两、短尺少寸，实质上就是一种变相涨价的行为，故历代政府对度量衡器皆定有管制的办法并不断地申严禁令。明代的管制办法更为严格。明朝初年，即令兵马司定期对市场的度量衡器进行检查。

其后，政府屡发命令，要求京城内外，诸行牙人使用官制的度量衡器，禁止私造度量衡器。

第三，管制物价。明代对物价管制采取了物价评估制度和物价申报制度，为了防止对物价评估不实，还采取法律的形式以制约。

第四，禁止把持行市。把持行市，就是垄断市场，明律的解释是："强买强卖而又不许他人买卖"。商人贩卖物品，就是为了贱买贵卖，从中获利，明代不少史书记载"无远费届""走死地如鹜""其术倍克于齐民"，突出地反映了他们强烈追求高额利润的拼死精神，一般的小商品生产者虽然也想这样做，但由于资金有限，信息不灵，在这种情况下，他们不得不依赖于富商巨牙。

富商巨牙也正是利用小商品生产者急于将商品脱手的心理，把持行市，垄断市场，操纵物价，借此贱买贵卖，大发横财。

在明代，牙商都向官府缴纳了牙税，并执有官府颁发的牙帖，很多商品的买卖都需通过各自的牙行来进行。这些富商大贾，一旦把持行市，便要操纵物价，欺压远来客商及小商小贩。明代的富商大贾把持行市，垄断市场，操纵物价已经是一个很普遍的问题。为此，政府对把持行市的行为明令加以禁止，并运用法律条文予以确定。根据明律规定，商人不但不能把持行市，而且不能从事竞争，因为减价竞争，就是"惑乱取利"，同样是犯罪行为。

第五，禁止贩运违禁物品。商人贩运违禁物品，历代政府皆禁止，明代的法禁尤严，特别是严禁物品私运出境，明律规定：会同馆内外四邻军民人等，代替夷人收买违禁货物者，问罪枷号一个月，发边卫充军。

清代，是中国专制主义中央集权的封建制度的最后时代，同时，也是国民经济的普遍高涨和商品经济的大量发展时代。从社会经济发展的状况来看，清代鸦片战争以前的这一段时期，在社会经济方面，同明代实际上是一个不可分割的主体。这不仅是由于明代的一切制度完全为清代所继承，而且是由于经济的连续发展并没有因中间的改朝换代而有所改变。清代对于物价的管

第五章 中国古代政府对贸易的管理

理,实际上也都是明代各种制度的继续,概括地讲,主要有如下几个方面:

(1) 管理牙行、铺户。行政管理就是对客店、牙行、铺户的管理。牙行制度是中国封建社会流传下来的交易制度,管理牙行,是历代政府管理市场的一个重要方面。清代中期,城乡商品经济的发展,无论农贸市场交易还是庙会季节性交易,都有中介人"评议市价",称为"经纪"或牙人。牙人有官牙和私牙之分,官牙要向政府申请,发给牙帖,登记造册,予以管理,以保证市场交易的正常进行。清政府关于客店、牙行、铺户的管理,《大清律例通考》记载有下列规定:

第一,"凡客店每月置店簿一本",在京城内赴兵马司,报验签字;在京城外"有司置押讫"后方可使用。使用方法要求:"逐月附写到店客商姓名人数,起程月日",填写登记之后,"各赴所司查照"。通过对旅店"每月店簿"登记,来了解旅客的来往情况,防止违法流窜犯和投机倒把分子的违法活动,以维护社会秩序。

第二,"凡在京牙行领帖开张",必须办理牙行营业执照,限期5年,期满后"清查换帖",重新办理,如果经清查出无财产可抵押的光身汉,顶替冒充,朋伙为奸,巧立名目,垄断总行,"逼勒商人",就不准他另投其他行业;对"拖欠客本,久占累商者问罪,枷号一个月,发附近充军"。如果地方官吏与他们结通,暗地支持,徇私情,纵容违犯者,一并处理问罪。太平天国时,天朝亦规定,在太平天国境内所开店铺,无论行业、大小、新老,都要有天

清代延续了明代的物价管理制度

朝发给的"店凭",才能正式营业。

第三,在"京城一切无帖铺户",即无营业执照的商铺,"如有私分地界,抢点摆摊开店铺的地盘,不让旁人在自己附近开张售货,或向别人要地界钱才让其领取营业证的,都要按违禁、把持地界论罪,枷号两个月,杖1百"。

（2）管理度量衡器。管理市场交易之度量衡器,是管理市场与物价的一个重要方面。因为使用不同的度量衡器,是商人变相涨价、欺骗消费者、牟取暴利的手段之一。故历代政府对度量衡器之管理,皆各有管制之办法。清初政府沿袭了明朝严格管制度量衡器的制度。

康熙四十三年（1704年）,针对民间所用度量衡器比较混乱的情况,政府对市所用之度量衡器进行了整顿。

乾隆六年（1741年）,清廷对康熙时颁行的度量衡制度又进一步给予确认,强调要按康熙时颁行的度量衡制度实行,不得随意更动。

（3）管制物价。加强市场管理,主要是加强物价管理。中国古代无论是价格萌芽时期的西周,还是封建制度的末期清朝,从来就没有放松过对市场的管理,只是由于朝代的更迭而管理范围和措施有所不同而已。从清代来看,其对物价的管理主要表现在如下几个方面：

对市场物价的管理。清初,为了禁止满族贵族官吏在市场上强索贱买、霸占行市、恣意垄断的行为,清廷在顺治二年（1645年）曾明文规定："（凡购）买民物,短少价值,强迫多买,殊失公平交易之道,百姓如遇此等妄行之人,可立即拿送官府"（见《清顺治朝实录》卷127,转引郭蕴静：《清代经济史简编》）。至于清代管制物价的办法,同明代基本相同,律例亦无多大修改。

对粮食价格的管理。粮食价格是万物价格之基础,粮价稳,则政局稳,人心定；粮价乱,则社会乱,人心不安。清朝统治者不仅极为重视农业生产,也十分注意粮食贸易,惧怕粮食商人囤积居奇而造成混乱,影响社会安定。清代贸易法律对明律的另一补充,是严格管制粮商,禁止他们的投机倒把和囤积居奇的行为。

屡禁不止的官吏经商

官吏经商与官营贸易有所差别。后者是官府出资经营,收入上缴国库；前者则是官吏个人出资或与人合股,盈利归于私人。

第五章 中国古代政府对贸易的管理

中国历史上不乏官吏经商记录。汉初,国家统一,生产发展,交通改进,政府对工商业采取放纵政策,许多大官吏经商。汉文帝时,吴王刘濞"擅障海泽",大臣邓通"专西山","吴邓钱布天下"。

魏晋南北朝时期,战争动乱,商品经济并不发达,但官吏经商却很普遍。据《宋书》记载,益州长史费谦,聚敛兴利,垄断贸易,远方商人挟带重资来此购买货物,"谦等限布丝绵各不得过五十斤,马无善恶,限蜀钱二万",致使"商旅吁嗟"。

据《梁书》记载,梁景宗任郢州刺史,"鬻货聚敛"。

南海州郡官吏,"以半价就市,又买而即卖,其利数倍"。

《南史·武陵王纪传》说,时萧纪称梁王,"外通商贾远方之利,故能殖其财用",经商营利黄金1万斤、银5万斤以及大量锦罽缯采等。

南朝官吏经商成风,从一则禁令亦可看出。据《南齐书》记载,巘徒都督荆、湘、雍等八州诸军事,任镇西将军、荆州刺史时,曾发布命令:"禁二千石长官,不得与人为市。"说明以前2000石以上长官经商之普遍,到了非禁不可的地步。

唐宋是中国历史上经济比较繁荣的朝代,官吏经商随之更盛。唐代王公百官、诸使司、公主、大将军、节度使等,"或广造店铺,出赁于人",或"置邸铺贩鬻,与人争利"。据《旧唐书·王处存传》记载,王处存的父亲王宗,历任检校司空、金吾大将军等官职,"宗善兴利,乘时贸易,由是富拟王者"。

朝廷对官吏经商屡加谴责,并发令禁止。唐天宝九年(750年)诏曰:南北卫百官等"广造店铺,出赁于人,干利商贾,莫甚于此。自今以后,其所赁店铺,每间月估不得过五百文"。大历十四年(779年)敕书:"王公百官,既处荣班,宜知廉慎。如闻坊市之内,置邸铺贩鬻,与人争利,并宜禁断,仍委御史台及京兆尹纠察。"

但官吏经商的势头遏制不住,无奈只得承认现实,允许官吏经商。规定:"诸军诸使司等在乡村及坊市店铺经纪者,宜与百姓一例差科。"据《册府元龟》记载,唐宣宗大中五年(851年)敕曰:"应公主家有庄宅邸店,宜依百姓例差役征科。"说明这一规定还是实行过的。

宋初,连丞相赵普也"营邸店规利"。首台何执中"广殖资产,邸店之多,甲于京师"。官吏还插足外贸,贱买贵卖。据《宋史·食货志》记载:"官员及经过使臣,多请托市舶官,如传语蕃长,所买香药,多亏价值。"鉴

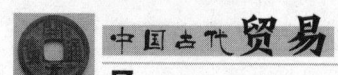

于这种情况,朝廷命令:"食禄之家,不许与民争利。"并严禁内外文武官吏"遣亲信于化外贩鬻","市舶司监官及知州通判等,今后不得收买蕃商杂货及违禁物色,如违当重置之法"。

明清商品经济活跃,官吏经商之势不减。

明代,国家经营客店,兼营货栈,并征税。正德以后,官店多由皇帝赏赐给皇亲贵戚,或委托太监掌管。这些人假官店之名,行私店之实,甚至私立店铺,盘剥客商。后官店纷纷改名为皇店,其经营收入便完全为皇帝私有。据《明世宗实录》记载:"韩王兼并山田市肆,虐杀无辜。"《明史》卷120记载,神宗第三子福王朱常洵在就蕃洛阳后,曾设盐店营利。"清淮盐千三百引,设店洛阳,与民市,中使至淮扬支盐……而中州旧食河东盐,以改食淮盐故,禁非王肆所出不得鬻,河东引遏不行。"

清代,官吏经商的事例很多。薛福成《庸盦(安)笔记》记载:和珅开设当铺75座,本银3000万两;银号42座,本银4000万两;古玩铺13座,本银20万两。另引徐珂《清稗类钞》有关事例三则于下:

其一,太监与小商人合伙做绸缎买卖。乾隆时,王翁在北京摆小摊售缣帛等货物,有太监前往购货很谈得来,太监说:"以子才,宜为大贾,何小就为,汝明日辞居停,我居东华门内南池子,汝来,我当与汝合为贾。"过两天,王去太监处,太监给他万金,让他在东华门开缎肆。后来,王的生意兴隆,誉满京师,被称为"缎子王",太监从中亦获大利。

其二,安麓村为相国明珠鬻盐。清初,收藏家安麓村,名岐,字仪周,本是相国明珠的家奴。康熙时查初白与兄弟"馆于明邸","时麓村尚给事书斋,躬执洒扫之役"。初白后入翰苑,几年后请假南归,"麓村已为明珠鬻盐于淮南,声势赫奕,督抚监司莫不与抗宾主礼矣"。丁亥,康熙南巡,初白与弟查浦迎銮淮上,经过广陵,麓村听说他们到来,便去舟中拜见,执礼甚恭谨。初白坐住不动,亦不让麓村坐下,只说:"汝今发迹甚好,唯当小心贸易,勿在地方生事,为汝主人累而已。"麓村唯唯而退,初白仅站起来,但不出送。其弟查浦则暗中派人回拜麓村,故麓村赠送查浦六百金,而只给初白三百金,以示对初白傲慢态度的不满。

其三,旗人善子健与绅氏合股开酱业。"善康,字子健,京口驻防之蒙古旗人而商者也"。太平军攻打镇江时,善年仅7岁,随母逃到江北避难。其父先在江南清军帮办军务,后到丹阳张国梁军。"因与(丹)阳绅(士)荆某,

第五章 中国古代政府对贸易的管理

（丹）徒绅（士）文某合营酱业于阳之金斗镇"，让善前往当学徒，未告诉他这是自己家与他人合股所开的生意。善工作非常努力，又细心钻研经营之道，学成后，佐理会计。"未及数年，荆文诸股次第归并，由是而镇江之春懋、元源，江北之广丰相继设立，复置市产十余处。"

迄至近代，官吏经商的浪潮依然汹涌，人们称之为"官僚资本"，颇为通俗生动。

第二节
中国古代的贸易税

最早的关市、山泽税

根据夏、商、西周"工商食官"的经济体制，官府的公务所需，大多是取自各官营手工作坊，或由官商到该物生产地贩运，沿途也不需缴税；百姓所需有限，多为自产自用，不经过市场。当时的市场作用有限，所以，齐宣王问政时，孟子举文王治岐的例子说："关市讥而不征，泽梁无禁。"（《梁惠王下》）在答公孙丑问时，又说："市，廛而不征。"《礼记·王制》也说："古者……关讥而不征。"所谓关讥而不征，就是说，经过关津进入市场交易的产品（包括山林出产或手工加工产品），只在经过关口或渡口时受到官府检查，看是否夹带违禁者。对正常

孟子雕塑

交易物品并不征税。其中原因,据孟子所说是:"古之为市也,以其所有易其所无者,有司者治之耳。"那么,后来为什么又征税了呢?据孟子说是:"有贱丈夫焉,必求龙断而登之,以左右望,而罔市利。人皆以为贱,故从而征之,征商自此贱丈夫始矣。"即对商人图厚利的一种制约或者说惩罚。但从中还可分析出其他两种原因:一是这时商品(产品)交换活动规模比较大,在平地(市场)一眼看不清情况,要站到山包上才能看清商品流动变化,同时说明农民出产很多,可拿到市场进行交换;二是既然商人可以通过商品交换而谋取利益,那么,国家也可以进行征税,以调剂商人和农民之间的利益分配,防止商人的独占。可见,到西周中期后,由于经济的发展,出于安全、管理和财政的多种需要,在设关(门)、市的地方,开始对出入关门的货物或在市场营销的商品征税。

1. 门税

按《周礼》所记述,西周设"司关"和"司门"两职,各司其职。

司关,"掌国货之节,以联门市。司货贿之出入者,掌其治禁,与其征廛;凡货不出于关者,举其货,罚其人……国凶札,则无关门之征,犹几"。司关的职责,一是对进入关门的外来客商,先要检查其官方文书(玺节),将文书上所载货物名称、数量通知国门,由国门通知司市,使知进入市场的货物;由本地运出关门的货物,则要根据司市所开列文书所载货物名称、种类、数量,核对无误后放行。司关的第二个职责是检查货物的合法性,对一般物品按规定收税,对违禁品予以罚没,不仅没收其货物,还要对其罚款。如发生特大灾害,则关门不征税,但仍需检查有无犯禁之事。

司门的职责之一是凡"出入不物者,正其货贿,凡财物犯禁者举之"。即检查出入国门的货物,并要按规定征税。所谓"不物者",按郑注是指衣服与众不同,不符合国家规定的等式,属于奇装异服之类;对犯禁的财物,则要按规定没收。古代等级制度比较严,什么身份的人穿什么式样、什么颜色的衣服。有些衣服、食品、用具是不准私自出售的,凡犯禁令必然被没收。

2. 市税

按《周礼》所记:"廛人掌敛市㕥布、总布、质布、罚布、廛布,而入于泉府。"布，古注为泉，即货币。市税包括在市场开征的几种税。

欲布，即对有固定店铺的商人所征，属于营业税性质。

总布，《周礼》注引杜子春的话是"无肆立持者之税也"。即指无店铺、站立市场路边兜售者，廛人对其征收的税。郑玄则认为：总，读如粗稷的稷，稷布，"谓守斗斛铨衡者之税也"（《说文》称布八十缕为稷）。按《周礼·地官·肆长》所讲，肆长之职，"敛其总布，掌其戒禁"。即主掌一肆之事，罚其无肆之持（货卖者）之布。所以总布应指对市场经纪人（后世之牙商）之税。

质布，是指对市场买卖订有契券的征收，有如后世的契税。

罚布，指对违犯市令者的罚款。

3. 山泽税

西周以前，山林薮泽均为公有，未有赋税。随着人口的增殖，采集量加大，人类生产所需难以保证，于是政府官民共采为设官管理，定时禁放。特别是对那些生长期长的动、植物，更是严加控制，不许滥捕、滥伐。进入西周以后，随着很多制度的相继制定，对山林川泽等重要生产、生活资源地，也设官分管。史称："设山虞、林衡，掌山林的政令和治禁；设角人、羽人、兽人，掌鸟兽捕养之事；设渔人、鳖人，掌川泽水产之事，按时禁发，与民共采。"周厉王（前877—前841年）时，曾专山泽之利，实行山林川泽国有化，结果导致国人暴动。到西周后期，由于管理和财政的需要，开始对山林池泽产品征税。这里要指出的是，西周王朝对山林池泽还是实行国有政策，对山林的开发、利用，主要还是由国家设机构任用专人负责，特别是对那些大宗出产，珍稀动植物的捕捞、采集，仍由国家控制；农民只能就近、就便，在砍伐、采捕量不大，又不妨农时的情况下，进山砍伐、采捕，或下湖捕捞，所获之物可自用、自食，多余的可到市场出卖，国家对此收税。此外，官府对山农、泽农也下达有采捕任务，必须根据规定完成。凡山林出产的木材、薪材、草、葛，野兽的肉、兽皮、兽骨，野禽的羽毛和野果、野蔬，河湖池泽出产的龟、鱼、鳖、虾、蚌等，都在征收之列，而纳税人则是在冬闲之时上山采集或到池塘、水田溪流中捕捞所获得的产品。所以说，山泽之赋，主要是对农民从事副业所得产品的征收。山泽产品的税率，没有统一规定，载于史籍者，场圃收入为二十税一（5%），漆林之税为二十税五（25%），体现了按价值高低征收的原则。

两汉对盐酒征税

在汉代饮酒成风，酒肆的生意更加红火了。汉代的酒业生产规模比前代有了很大的发展。私人开办的酒肆作坊在都市和乡镇分布极广。《史记·货殖列传》记载说："通邑大都，酤一岁千酿。"大商贾的酒业作坊于都市有很大的售卖空间。汉代的酒肆已明显地具有卖酒与供人饮酒的双重职能了。《汉书》记载："栾布穷困赁佣于齐，为酒家保。"《汉书·食货志》注："酒家开肆待客设酒垆，故以垆名肆。"（"垆"：本是酒店内放置酒瓮的土墩子，后来人们便用它作为酒店的代称）《史记·司马相如传》中也记载了一个"文君当垆，相如涤器"的故事：司马相如应友人临邛令王吉的邀请，到临邛去做客。当地的大富豪卓王孙也宴请了司马相如。结果卓王孙新寡的女儿文君爱上了司马相如，两人便趁黑夜私奔回了成都。可是司马相如家徒四壁，一贫如洗，两人无以为生。于是双双回到临邛，变卖了车马，开了一间小酒家，卓文君淡妆素抹，当垆沽酒，司马相如更是穿上犊鼻裤，与保庸杂作，涤器于市中。与酒业生产相应，两汉酒风之盛承前代余绪，有过之而无不及。汉高祖就是一个酒徒，在没有建国登基之前，整日与一帮朋友混迹于酒肆，到了治理天下时自然不会与酒为难。他衣锦还乡把酒唱《大风歌》是鼓动汉代酒风的一把明火。文景之治、汉武帝的文治武功，以至光武中兴等汉代的富足之世为酒风创造了充分的物质条件。尽管每遇到灾荒之年，统治者多次下令禁止民间酿酒，以达到节约粮食的目的，但是这根本无法遏止如火如荼的酿酒和饮酒之风。无论是宫中朝堂的达官贵人，还是民间士林的细民九流对酒都极为热衷。东汉末年王粲《酒赋》说："暨我中叶，酒流犹多；群庶崇饮，日富月奢。"《汉书·食货志》曰："百礼之会，非酒不行。"汉代一度实行

古代酿酒坊

的"榷酒"之政（即酒类由政府专营）也无法彻底施行。

汉代初年禁止群饮，法律规定，三人以上无故合群饮酒，罚金四汉两。汉文帝时，天下升平，除了允许人们酿酒、聚饮外，朝廷往往还赐牛、酒等物品给老年人。如《史记·孝文帝本纪》记载："诏曰：……朕初即位，其赦天下，赐民爵一级，女子百户牛酒，酺（聚众饮酒称为大酺）五日。""十六年秋九月，得玉杯，刻曰'人主延寿'，令天下大酺。"（《汉书·文帝本纪》）。汉景帝时期，初因旱而禁民酤酒，"后元年夏，大酺五日，民得酤酒"（《汉书·景帝本纪》）。汉景帝（前157年—前141年）时，因发生夏旱，下令禁止卖酒，4年后才弛禁。汉代对酒实行专卖，始于汉武帝天汉三年（前98年）御史大夫桑弘羊建议，开始实行"榷酒酤"，由官府酿酒出售，禁民间私酿。只实行了17年，因在"盐铁会"上遭到贤良文学的坚决反对，不得不做让步。汉昭帝始元六年（前81年），废罢榷酤，允许民间卖酒，改专卖为官府征税，酒税限定为每升四文钱。汉宣帝主张"勿苛酒禁"，酒禁有所松动，所以赐酺也较多。"三年三月辛丑，鸾凤又集长乐宫东阙中树上。飞下止地，文章五色，留十余刻，吏民并观。赐民爵一级，女子百户牛酒，犬酺五日。"

西汉的专卖政策，是同汉代的国策相适应的，特别是汉武帝时，为了满足其安边扩土的需要，广开财源，所以对盐、铁、酒实行专卖，以获取更多的财政收入。汉代的专卖政策确实为国家财政带来了好处，解决了战争带来的财政困难，有助于增强财力，有助于国防建设和边境人民生命和财产的安全，对汉代经济的稳定和发展是有积极意义的。但是，盐铁在专卖过程中，出现了不少弊病，主要是价格太高，民多不便，铁器质量粗劣，又无选择的余地，有时还征调人民去服徭役。

西汉时期长安食河东盐池之盐，盐池产盐主要供应京城。晋南盐池不仅是国家财政来源之一，而且关系到京城君臣百姓的生活，地位非同一般，所以《汉书·地理志》记载全国设盐官的郡县时，把

西汉时期贩酒场景

河东郡安邑置于首位。河东郡的安邑盐池，是开发最早的产盐区，经过历代开采，汉代时规模很大，盐质亦佳，以致汉光武帝也曾于元和三年（86年）八月"幸安邑，观盐池"。皇上亲自视察盐池，当然不是为了满足自己的新奇感。

王莽代汉前后，面对当时土地兼并加剧，经济剥削加重，农民极度贫困，阶级矛盾十分尖锐的状况，为了缓和阶级矛盾，稳固自己的统治，不得不在"齐众庶，抑并兼"上下点功夫。他采取的措施是实行"五均六筦"政策，"五均"就是指在长安、洛阳、邯郸、临淄、宛、成都六个城市设"五均司市使"，即"五均官"，由原来的令、长兼任，主管评定物价、调节市场、办理赊贷、征收税款等事宜。评定物价是指五均司市使要定时对市场上主要产品物价进行评定；调节市场是指控制市场供应，货物滞销时，以合理的价格收购，货物涨价时，以平价出售，以维护市场秩序；办理赊贷是指根据实际情况办理无息贷款或低息贷款，以帮助百姓及商家缓解资金之困；征收税款是指征收山泽税和其他各种杂税。"六筦"是指国家专营的六项事业，即盐、铁、酒三种产品的国家专卖及铸钱、征收山泽生产税、经办五均赊贷三项业务。对国计民生至关重要的盐、铁、酒、山泽、五均赊贷、钱布铜冶等六项事业实行国家统制管理，实行课征，避免落入豪民富贾手中，于国于民不利。而真正目的在于增加财政收入。王莽始建国二年（10年），下令推行"六莞"，"命县官酤酒，卖盐铁器，铸钱，诸采取名山大泽众物者税之"。征课的方法：凡采自山林水泽的鸟、兽、鱼、鳖、百虫，畜牧收入，织妇桑蚕、织纤、纺绩、补缝，工、匠、医、巫、卜祝及其他方技，商贩贾人开的店铺，小摊及饭馆客店等，都必须把他们的经营业务及营业收入，向所在官府如实呈报，官府在扣除成本后，按其盈利征税，税率为10%。如果不如实呈报或隐瞒不报，偷、漏税收的，轻者没收其财产，罚作徭役一年；重者罪至死。征课范围之广，处罚之严，是王莽朝政的一大特点。加以王莽任用的官员多是官商结合的豪族，如洛阳薛子仲、张长叔、临淄姓韦等，都是"乘传求利，交错天下"的大商人，他们勾结官府，朋比为奸，多方苛剥百姓。财政收入完不成，府库充实不了，又重罚于民，导致阶级矛盾日益尖锐，加速了新莽王朝的败亡。

东汉光武帝刘秀废除食盐专卖之法，罢私煮之禁，听民制盐，自由贩运。在产盐较多地区设置盐官，征收盐税。汉章帝元和元年因财政困难，采纳尚

书张林建议,官府煮盐,恢复汉武帝时期的官营办法。汉和帝永和元年盐官仍主税课,盐业民营,直至汉末。

唐朝的工商税

唐朝统一全国以后,在恢复和发展农业生产方面采取一系列措施,例如实行"以庸代役",使农民有较多时间从事生产;兴修水利,在唐朝前期130多年时间里,修造各种水利160多次,这些水利工程给农业生产带来很大的好处;抑制食封贵族,改变过去把课户拨给封家,由封家征收租调(税收)的做法,把"租调"征收权收归中央政府;限制贵族受田等,这些做法促进了唐朝农业发展。

在手工业生产方面,官营和民营手工业都得到长足的发展,如当时官营的纺织业、冶铸业、烧瓷业等生产规模和产品技术明显提高,很多城市还出现了不少私营的纺织坊、纸坊、染坊、冶成坊(冶炼)、铜坊(铸造铜器)等。丰富的农业和手工业产品为商业繁荣提供了先决条件,不仅出现以西京长安、东都洛阳等为中心的一大批重要工商业城市,而且建立在水陆交通要冲的农村集市(称为草市或墟市)日益增多,并不断发展成市镇。尤其是"丝绸之路"开通以后,中亚、西亚、南亚的一些国家的土特产源源不断地运到中国,换取中国的茶叶、瓷器、丝绸、盐等。从海上,唐朝商船通过印度洋、阿拉伯海至波斯湾沿岸,增进亚非各国之间交流、联系,使唐朝时期的中国成为亚非各国的经济交流中心。这些说明唐朝的商品经济得到较大发展,它为政府征收工商各税创造了条件。但其商品经济的水平还是很低,自然经济仍然占据经济的主要地位,因此,所征收的工商税收占整个财政收入的比例还是很小的。

(1)盐税:唐朝的盐是由国家专营的,初时主要是集中游民(即隋末动乱时,很多农民流离失所,成为游民)从事盐业生产,称之为亭户,所生产出来的盐由国家统一经营,归盐铁史管理。盐价也由政府规定,每斗盐的价格,在天宝到至德年间只有10文,后提高到每斗最高为370文钱。顺宗时减为每斗250—300钱。唐朝政府为保障盐专卖政策,实行严格盐税管理制度,贞元年间规定盗卖两池盐一石以上者,处死;一斗以上者要杖背,没收其私盐的运输工具(如车、驴等),盐榷的主要官员发生私盐漏税一石以上罚课

料等。

宝应元年（公元762年）刘晏对盐法进行改革，实行盐专卖与征税兼用的制度。允许商人向政府购盐后，运到其他地方销售，但要按盐价值每千钱征收200文钱的盐税。由于允许商人缴税后运销盐，使当时政府盐税收入大量增加，每年盐的税利收入从初行盐法时60万贯，增加到大历末年的600万贯以上。增加10倍，约占当时的全年财政收入的一半。

（2）茶税：唐朝初期茶叶是不征税的，至德宗贞元九年（793年）才正式开征茶税，规定在出茶州县和茶商运茶要路，委派当地官员管理茶税，并把这些茶叶分三等估价。其征收标准为十分取一，即按10%的税率征收茶税。大约年征茶税可达四十万缗（一贯千文为一缗）。茶商向政府纳税购茶运销他地时，所过州、县还要重复征收一道茶税，称之为榻地钱。唐朝政府除了对茶叶征收茶税外，还要另加收每斤5文的"剩茶钱"。至长庆元年（821年）唐朝政府又提高茶税征收标准，茶税由原来的每值千钱税百钱的基础上，又增加50钱，即把茶税的税率由10%提高到15%，按茶叶价值，每千钱征收茶税150文钱。

唐朝政府实行茶叶专卖，茶商经营茶叶必须向政府购买，缴税后运销，不得直接向茶农购茶。为此政府在税收管征上，采取严格的措施，例如贩卖私茶计3次，每次皆300斤以上者，处以死刑。受雇运输茶叶计3次皆达500斤以上者，由所在地商家候保待处理，第4次达千斤以上者，处死刑；长途结伙贩运私茶的，虽数量不多，亦要处死刑；茶叶生产者户私卖茶100斤以上者，杖背，屡犯3次以上者，加重徭役。

这些严厉的政策规定，有力地保障了当时茶叶税收的征收。

（3）酒税：唐初没有对酒征税，至广德二年（764年）才开征酒税，规定对全国的酿酒户实行按月收税。开店酿酒销售的，按每斛（一斛为五斗）征收酒税3000文。由各州县总领酿簿，酿酒户向当地州、县政府申请酿酒领取酿簿（准酿证）。大历六年（771年），唐朝政府又规定，将全国的酒户分成三等（根据其酿制的规模），依不同的标准按月缴纳酒税，并允许折成布绢缴纳。

德宗建中三年（782年），实行榷酒法，全国只许官酿，不准私酿，至贞元二年（786年）又改为可以私酿，各地允许开店卖酒，但每斗酒要征150文钱的酒税（亦称为榷酒钱或榷酤税），可免其徭役。元和十二年（821年）

唐朝政府又规定,全国编户(即登记在册缴纳两税的民户),不论有否酿酒一律要摊配缴纳酒税——榷酤税。这些税随两税入库,从此这些税便成了两税的附加税。全国酒税年征收可达156万余缗。

(4)商税:唐朝的商税,征收的对象为资本和货物,即对资本和运销的货物进行征税,唐朝政府在主要的交通要道和口岸设置关卡,检查来往商人所携带的资金,按资本、每缗(千文)要征收20文钱的商税。对过往的货物,如竹、木、茶、漆等,要按货物的多少,依1/10的比率征一道商税,但均是征收实物。

(5)间架税:唐朝的间架税,就是以后朝代所征收的房产税。"间架税"——作为单独税种提出,是我国历史上最早出现的房产税,从此我国赋税史中又增添了一个新税种。唐朝的"间架税"是按房间的数量征税,不按造价或租金为计税依据。因为当时的房屋结构基本是木结构的,所以唐朝政府规定二架(即指两扇屋架)为一间,上间(面积较大,质量较好)每年要征收间架税2000文钱,中间每间要征收间架税1000文,下间每间要征收间架税500文。若隐瞒一间不报税,要杖打60,政府奖给告发的人1万文钱。

(6)交易税:唐朝政府规定,凡在市场上交易,不分官民,只要有交易就得征收交易税,贸易货物的价值,达到1000文钱就要征收20文的交易税,即按2%税率征税。后提高到每贸易价值1000文要缴税50文,即税率从2%提高到5%,征收交易税。征税对象为卖方,若双方是以货易货,则按货物的大约价值征收,双方都得纳税。

两宋的盐税

两宋时期,对于盐贸易的征税,是通过通商法进行收取的。

通商法是由国家将食盐卖给商人,允许商人在一定的范围或区域内自由运销,政府只收盐税,令民与商人自由贸易。通商法在不同的时期和地区又有不同的形式,具体包括入中法(折中法)、钱盐法、盐钞法、引课法等。

(1)入中、折中法。入中法创始于宋初,"(李)防请令商人入钱京师,或输刍粮西北边,而给以盐,则公私皆利,后采用之"。此后太宗雍熙年间(984—987年),因辽兵数犯河北,沿边州郡军需不足,边境用兵缺粮,令河东、河北的商人运粮草到边境缺粮地区,叫作"入中"。官府按照所运粮

中国古代贸易

古代制盐雕塑

草的数额和道路的远近发给凭证,这种凭证叫"交引"。商人凭"引"到京师或东南盐场或解州、安邑盐池领盐贩运。

可见,入中、折中法,就是让商人运国家所需物资到指定地点,官府按商人所运物资的数额和道路远近,折合比时价更高的价值,填入票券发给商人,商人持票券到京师,或领取现钱,或由官府发文江淮及解池、荆湖等地,领盐运销,以作为补偿。到端拱二年(989年),政府又将此法运用于京师,在京师设置折中仓,令商人运粟米到京师,官府以江淮盐付给商人。折中法的实行,不仅满足了边境军需粮草,充实了国库,而且还能避免运输的劳役之苦,商人也能从中得到盐利,一举而数得。

(2)钱盐法。真宗末年(1022年),为解决京师铜钱不足,招募商人入钱京师,然后到指定盐场领盐,按指定区域运贩,不得越界。

(3)盐钞法。折中法实行了一段时间后,弊病丛生,"猾商贪吏,表里为奸,至入橡木二,估钱千,给盐一大席,为盐二百二十斤。虚费池盐,不可

第五章 中国古代政府对贸易的管理

胜计，盐直益贱，贩者不行，公私无利"。到庆历八年（1048年），主管解池盐务的太常博士范祥改革盐法，实行民产、官收、商运、商销的钞盐法，商人由缴纳实物改为交钱买钞，凭钞到产地领盐运销。即令商人就边郡输钱四贯800文，售一钞，请盐200斤，任其私卖，所得钱以充实塞下。此法"行之数年，黠商贪贾，无所侥幸，关内之民，得安其业，公私便之"。

盐钞法不仅免除了兵民运输之劳，而且因其纳钱买钞、即池领盐，避免了商人与官吏勾结、虚估过大而使国家财政收入受损。此法以产盐的多少来定售钞的数量，使盐有定产、钞有定额，以免入中（折中）法虚估、浮发之弊，盐也没有囤积居奇或壅塞不通之弊，公私称便。同时商人不能侥幸取利，边郡之民也可免食贵盐；国家用钱按市价买军需粮草，免去国家对边塞的军用支出。

蔡京当权时，又把发行盐钞作为获得财政收入的一种手段，盐钞钱也不再仅限于满足军事或储备的需要，以致宫廷支出大半取于盐利收入。崇宁元年（1102年），大力推行钞盐制于东南海盐区，鼓励商人贩盐，并允许商人用私船运盐，在钞值日低的情况下，实行换钞。没过多久，又创贴纳、对带、循环之法。贴纳即贴输现钱，"陕西旧钞易东南末盐，每百缗用现钱三分，旧钞七分"；对带即带行旧钞，"商旅赴榷货务换请东南盐钞。贴输见缗四分者在旧三分之上，五分者在四分之上。且带行旧钞，输四分者带五分，输五分者带六分；若不愿贴输钱者，依旧钞减价二分"；"循环者，已卖钞，未受盐，复更钞；已更钞，盐未给，复帖输钱，凡三输钱，始获一直之货"。对带、循环之法使许多人朝为豪商、夕为乞丐，甚至被迫投河上吊自尽。如此，盐钞法完全变成了一种掠夺的工具。

政和三年，蔡京进一步修改钞法，"裁定买官盐价，囊以三百斤，价以十千，其鬻者听增损随时，旧加饶脚耗并罢。客盐旧止船贮，改依东北盐用囊，官制鬻之，书印及私造贴补，并如茶笼筹法"。

蔡京盐法变革虽取得了可观的收入，但实为盐钞法百弊丛生的具体表现。"数年间，行盐钞法，朝行夕改，昔是今非，以此脱赚客旅财物，道途行旅，谓朝廷法令，信如寒暑，未行浃旬，又报盐法变矣，钞为故纸，为弃物，家财荡尽，赴水自溢，客死异乡，孤儿寡妇，号泣呼天者，不知其几千万人，闻之者谓之伤心，见之者为之流涕"。

（4）引课法。蔡京于政和三年（1113年）奏行引课法，分盐引为长引、

短引，长引销外路，短引销本路，严格批缴手续，限定运销数量和价格，编定引目号簿，每引一号，商人纳钱买引，凭引支盐运销。盐商买引之后，自己备办运输工具，贩卖于指定区域。为增加盐课收入，官吏以盐引销售多少定秩品。官吏为了多售盐引，强令百姓购买，百姓不胜其扰。此法是后世盐引法之滥觞。南宋时期，国用不足，盐税更成为国所仰赖之重要收入。绍兴二年（1132年）九月，赵开在四川变盐法，其法的基本精神是征收盐的附加税。将成都、潼川、利州路的私井全部实行禁榷，置合同场司验视、秤量、发放，令商人赴合同场买引，官府收引税钱，每斤纳引税钱25文；井户如额缴税，纳土产税，增添约9钱4分；过税7分，住税1钱5分；若用钱引折纳，则另外输提勘钱60，其后又增贴输钱等。

（5）自由通商法。自由通商法是指国家仅向生产者征收盐税，生产者可以直接和商人自由贸易；商人向国家缴纳税款后，可按规定在一定区域内运销。如对海盐的运销灾区和河北盐多实行自由通商法。

（6）丁盐钱和身丁钱。《宋会要辑稿》记载："今照得朝廷未行钞盐之前，岁计丁口，官散蚕盐，每丁给盐一斗，纳钱一百六十六文，谓之丁盐钱。自行钞盐之后，官不给盐，依旧钱每丁增至三百六十文，谓之身丁钱。"这实际上是一种以课盐税为名目的人头税。另外，还有以田亩数多少确定征收盐税额的，像南宋时庐陵有"输苗一斛者，并盐为一斛三斗五升"。有计产输钱物者，如"（福建）濒海诸郡计产输钱，官给之盐以供食，其后遂为常赋，而民不复请盐矣"。凡此种种，都是统治者利用食盐的供给向人民进行的掠夺。

明代的矿税

明初的工商税政策有利工商业的发展，但当工商业有了一定发展之后，统治者追求财富的欲望也越来越强烈，他们不择手段地搜刮工商业者和广大消费者，致使工商税制度日趋紊乱，对人民的扰害也越来越大。尤其是矿税和商税，更成为百姓的沉重负担，严重阻滞了工商业的发展。

明代矿税，也称坑冶之课，包括金、银、铜、铁、铅、汞、朱砂、青绿（矿质颜料）等矿产物质课税，以金、银为主，其他皆微不足道。金银矿开采大都采用官府垄断制，由政府主持开采。间有民采，须经允许，其课额也重。明初，统治者不主张开矿，认为投入劳力多，产出矿银少，虽然订有矿税税额，

第五章　中国古代政府对贸易的管理

但数额极少，人民负担较轻。永乐年间，明成祖虽也反对采矿，但矿禁已松，矿课逐渐增加，福建矿课岁额达 32800 余两，浙江达 82070 两。明中期后，随着商品货币经济的发展，政府开始重视矿冶，广泛组织开采，"税由此大兴矣"。

明代金银之课，一般采用包税制，即规定某场一年应纳税额，责民缴纳。明代初年，金银之课甚轻。福建各银场税课仅 2670 余两，浙江岁课 2800 余两。永乐以后，银课稍增，福建银课岁额 32800 余两。万历以后，由于商品货币经济的发展，对金银的追求越来越迫切，于是以开银矿的名义，大肆掠夺百姓，坑冶之法由此而滥，并成为扰民的渊薮。

嘉靖以后，采矿大都由中官、权贵把持，成为主要搜刮之所。明万历时派太监征收矿税，成为虐民暴政。万历二十四年（1596年）诏开各处矿冶，并专派宦官为矿使、矿监，承旨四出勘查，乘机勒索钱财。从此，矿监横行天下，不市而征税，无矿而输银，勒索银课 200 万两。自万历二十五年至三十三年，矿税荼毒祸及各地。矿税苛索成了明代灭亡的一个重要原因。

矿税之弊，源于太监领矿。英宗天顺时，曾派太监负责提督浙江、福建、云南、四川等银。宪宗成化中，开湖广金矿，"岁役民夫五十五万，死者无算，得金仅三十五两"。神宗成历二十四年（1545年），又大肆开矿，太监四出，皆给关防，他们假开采之名横索民财，陵轹州县。"时中官多横暴，而陈奉尤其。富家巨族则诬以资矿，良田美宅则指以为下有矿脉，率役围捕，辱及妇女，甚至断人手足投之江，其酷虐如此。"自穆宗隆庆以后，凡桥梁、道路、关津皆私擅商税，罔利病民。神宗万历两宫三殿灾后，营建费用浩繁，于是大增天下商税，以充其费。万历二十六年设立榷税使，由太监担任，四出征税。"水行数十里，即树旗建厂（抽税机构）。视商贾懦者肆为攘夺，没其全资，负载行李，亦被搜索。又立土商名目，穷乡僻坞，米盐鸡豕，皆令输税。""九门税尤苛，举子皆不免，甚至击杀觊吏。"当时，"中官遍天下，非领税即领矿，驱胁官吏，务削焉。"

太监以开矿、征税为名，勒索百姓，民不聊生，终于激起民变。万历时，民变事件各省均有，例如万历二十七年陈奉在荆州督税激起民变，至武昌又激起商民暴动，商民万余人将阿奉同党五六人抛于江中；高淮在辽东督税，激起前卫屯军哗变及锦州松山军变；潘杨在江西为税监，激起景德镇窑工的反抗，烧毁官窑厂房；万历三十年高寀在福建苛征市舶税激起民变，又督闽粤矿税，再次激起民变；杨荣在云南领矿，激起民变，民众万人，将杨荣投

入火中；万历二十八年蔚州矿工暴动，潮州民变；万历二十七年，临清民变，杀死马堂的党羽30余人；万历二十八年，孙隆在苏州征商税，激起民变，击毙孙隆的爪牙两人，捶死税官10余人。

明代末年反矿监、税监的斗争是中国历史上的第一次，参加斗争的有手工业工人、小商人、手工业者和城市贫民，一些工商业者、中产以上的商人、作坊主、窑主也参加了这一行列。这次斗争是以手工业工人、贫民为主的反统治压迫的一次斗争，在中国历史上具有重要意义。

清朝的盐、茶税

清朝的盐税原属户部管理，由户部尚书兼任督办盐政大臣，后改为总督巡抚管理，下设都转运使，巡盐御史配合盐法道（有的地方称为盐粮道或盐茶道）进行管理。盐的运销方式主要是：官督商销、官运商销、商运商销、官运官销、官运民销、商运民销、官督民销。上述七者中，唯有官督商销行之最广。因此，当时征税的主要对象是盐商，它又分为场商和运商两类，场商主要是收购盐，运商主要是运销盐。

清朝的盐税征收内容主要为场课和引课，场课又可分为滩课、灶课、锅课、井课，它征收的对象是盐的生产者，不同盐种分别按盐滩面积、盐井数量或煮盐灶、锅数量征收，大都合并入地丁银征收入库。引课（亦称盐引）含正课（是包商缴纳的盐税）、包课、杂课（亦称为引课的附加税），征收对象是盐商，它是按引征税。"引"是计量单位，清初定每引盐为200斤，后由于执行中，根据当地一些特殊情况（例如，滞销或自然灾害等）有的地方采取增加每引的数量，但不加税，造成各地执行不一。至清末，每引盐240—800斤不等。边盐或离场较远的盐，尚无准购证（即无商支令），每800斤可折交布3丈2尺，后改征银三钱，谓之"布盐"。

盐商购盐必须要事前向政府领取准购证（支单，亦名照单、限单、皮票），并持此购盐。购盐后得将所购之盐存放于政府指定的仓或垛，还得经过政府派员检查，未经检查者为生盐，经过检查的为熟盐，然后才可以发售。

由于清朝政府对盐税征收管理比明代更加严格，虽各地在征收过程中，有增加每引数量而不增课税收的优惠政策，造成每引盐的重量各地不一，同时也产生了全国各地税负不一，然而这种措施对盐商经营积极性起了一定的

第五章 中国古代政府对贸易的管理

促进作用,使购引者日增,盐税已随之增加。顺治初行盐税,全国仅170万引,征盐税仅56万多两银,至光绪末所征收的盐税与盐厘合计达2400多万两,仅此就增加1800多万两,是原来盐税的四倍多。

清朝把茶叶经营分为三类,一是官茶,主要用于储运到边关地区换取马匹,当时主要交换地在陕甘一带;二是商茶,即茶商运销的茶叶,按引征税,亦称"茶引";三是贡茶,是向中央政府和皇帝进贡的用茶。

因此,清朝征收茶税的主要对象是商茶,由政府招商发引,然后按引进行征税,每100斤为一引,不及100斤的零头部分政府另给"护贴"。"引、护贴"也就成了纳税证明,用过的"引"及"护贴"一律要回收上缴,不得重复使用。政府还设卡检查,盘查往来民众,凡夹带私茶10斤以下者不问,10斤以上且以无官引(纳税证明)者一概按律论罪。

茶税的征收管理,清初承明制,设巡视茶马御史进行管理。后改为由各省总督管理,设盐茶道或茶引批验大使行使茶税管理工作。清初至嘉庆前茶叶主要还是以国内市场供应为主,销量不很大,税负也比较低。农民亦仅视茶为农闲时的副业,在空隙之地种些茶叶,生产也不成规模。其征税标准按

古人晒盐图

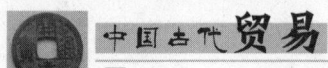

康熙六十一年（1722年）规定的每百斤茶征税1钱2分5厘。至于盛金、直隶、河南、山东、山西、福建、广东、广西等政府均不向茶商颁发"引"，亦不征税。仅在茶商运茶到境、经由过关口时，才纳税或略收落地税。嘉庆以后，清朝渐与西方国家通商，茶务才为之一变，茶叶市场也发生了根本性的变化，全国形成三大茶叶出口市场：汉口、上海、福州。上海之茶多以绿茶为主，多运往欧美各国；汉口以茶砖为主，多运往俄罗斯；福州之茶以红茶为主，多运往美洲及中南亚各国。这使当时茶叶生产有了长足的发展。经营茶叶的茶商亦大大增加，且咸丰以来各省又相继开征茶厘，有的地方还开征茶捐，使茶叶税收及税负（征收标准）都有很大增加。

知识链接

牙税

　　牙税起源于清初，是对牙户征收的一种税收。所谓的牙户是指民间专门从事商业中介，如货物交易、评定价格、代为过付货款的人。充当牙户的人，必须向当地政府申请登记，由当地政府发给司贴（相同现在的营业执照）后方可开业。牙户所纳的牙税分两种：一是贴费，即在取牙贴（执照）时缴纳；二为年捐，按年缴纳，根据其营业规模的大小，分成若干等，年纳牙税数不等。

第六章

中国古代的对外贸易

在建立中央集权封建国家以后,中国已成为泱泱大国,经济文化发展水平高于周边国家。但封建统治者很重视与周边国家的经济交流,比较重视对外贸易。直至明清时期闭关锁国政策的出台,中国的对外贸易才步入了低谷。

第一节
商道的形成与变迁

张骞通西域：丝绸之路的开辟

关于西域的地理概念，各种文献表述不一，大体上在汉代有广义和狭义两种说法。广义是指阳关、玉门关以西直至欧洲的广大地区；狭义主要是指西域36国，即今新疆南疆地区。到清代，则将南疆与巴尔喀什湖以东以南的天山以北地区合称"西域"。

汉初，中国北方的游牧民族匈奴日益强大，冒顿单于统一了匈奴各部，以"控弦之士"30余万，向东击败东胡，向西驱逐了大月氏，并不断向南侵犯，汉朝北部边境受到严重威胁。汉高祖刘邦于汉七年（前200年）曾率大军进击匈奴，结果被匈奴围困于"白登"（今山西阳高县境内），史称"白登之围"。其时汉王朝立国不久，国力虚弱，无法支持对匈奴的大规模战争，汉高祖只好采用谋士娄敬的计策，同匈奴"和亲"，将汉公主嫁于匈奴单于，并"厚奉遗之"，每年赠送匈奴大量丝绸、美酒、粮食等礼物，以此缓和与匈奴的关系。

文景时期，汉继续与匈奴和亲。匈奴势力不断发展壮大，汉文帝时，匈奴征服了西域诸国，并在此实行残暴统治。"楼兰、乌孙、呼揭及其旁二十六国皆以为匈奴，诸引弓之民并为一家"，西域地区完全被匈奴控制。匈奴对汉朝的态度也越发蛮横，不断侵犯汉边，抢掠人畜，毁坏农田，其游骑甚至曾迫近长安，对汉朝威胁日益严重。

与此同时，西汉政府休养生息的政策取得明显成效。到武帝时，史载"都鄙廪庾皆满，而府库余货财。京师之钱累巨万，贯朽而不可校"，一派繁

第六章 中国古代的对外贸易

荣昌盛的景象，汉对匈奴发动反击战争的物质条件成熟了。

汉武帝即位后，便开始谋划反击匈奴，其制定的策略是：一方面积极组织军队从正面进攻；另一方面尽量争取和联合与匈奴矛盾尖锐的西域各国，从侧翼夹击匈奴，以达到"断匈奴右臂"的目的。

汉武帝从匈奴俘虏口中得知，西迁的大月氏对匈奴最为痛恨，一直打算报复匈奴，但苦于自身势力弱小又没有联合者。于是，汉武帝决定招募使臣出使大月氏，联络大月氏，共同夹击匈奴。汉中城固（今陕西城固县）人张骞以郎官身份应募出使。

汉武帝建元三年（前138年），张骞率领100余人离开长安向西域进发，在经过河西走廊时不幸被匈奴俘获。匈奴单于企图诱其投降，故为张骞娶妻成家，但张骞始终坚贞不屈，持节不失，在茫茫戈壁被扣留了十几年，后趁匈奴不备率众逃脱。张骞等在塔克拉玛干沙漠边缘冒险西行，克服千难万险，终于越过葱岭，到达大宛国（今乌兹别克斯坦境内）。大宛王早就听说"汉之饶财，欲通不得"，对张骞一行欢迎备至。随后，大宛王又派人送张骞到达康居（今巴尔喀什湖至咸海间），由此南下大月氏。公元前129年，张骞终于到达了大月氏国，此时大月氏已占有大夏（今阿姆河上游一带），这里土地肥沃，百姓安居乐业，不愿再东来与匈奴为敌。张骞在此停留一年多，几经努力，终无结果，只好返回。为避免匈奴拦截，张骞未走原路，而是沿塔里木盆地南缘进入柴达木盆地，试图经羌人控制的地区返汉。不幸，张骞一行在羌中（今青海）又被匈奴游骑捕获。一年以后，张骞又乘匈奴内乱之机，与随员甘父（又名堂邑父）一起逃脱。武帝元朔三年（前126年），张骞终于回到长安。

张骞第一次出使西域，历时13年，出发时队伍达百余人，归来仅剩他和甘父两人。张骞此次出使虽未达到与大月氏结盟的目的，但却传播了汉朝的声威，了解到大量关于西域的地理、物产、军事等情况，为汉朝军队发动对匈奴的反击战争提供了大量重要的资料。此后，张骞多次充当汉军的向导，因

张骞通往西域雕塑

其"知水草处，军得以不乏"，汉朝军队取得了对匈奴战争的一系列胜利，张骞也因此被封为"博望侯"。到武帝元狩二年（前121年），汉军占领河西，从此"自盐泽（罗布泊）以东，空无匈奴，西域道可通"。此外，张骞在大夏时，曾看到来自中国蜀地的邛竹杖、蜀布，由此获悉，自中国西南的四川、云南，经缅甸至印度进而到中亚有路可通。公元前122年，汉武帝派出使团试图打通这一后世所谓的"西南丝路"，结果被云南地区的一些少数民族部落所阻。到公元前111年，武帝再次发兵云南，仍未能成功。汉政府虽未能控制西南丝路，但这一道路在沟通中国与缅甸及印度的民间贸易上始终发挥着重要作用。

公元前119年，汉武帝决定再次派张骞出使西域，此行的目的是与西域大国乌孙结盟，招引乌孙回河西故地，并联络西域其他国家，彻底击败匈奴。此次张骞及其副使率领将士300人，每人备马两匹，携带牛羊万头及金币、丝帛数千巨万。张骞一行顺利抵达乌孙，受到乌孙王热情欢迎，但乌孙王不愿接受汉王朝请其回河西故地的建议。张骞在此停留期间派其副使分赴大宛、康居、大月氏、大夏、安息（今伊朗）、身毒（今印度）、于阗（今中国新疆和田）、扜弥（今中国新疆于田）及周边诸国。张骞于武帝元鼎二年（前115年）与乌孙使者数十人返回长安。乌孙使臣亲眼目睹了汉王朝的富强，乌孙王接到报告后，随即与汉朝结盟，共抗匈奴。与此同时，被张骞派往各国的副使也同各有关国家的使节一起陆续回到长安。自此，汉朝与西域及西方诸国建立起了友好关系。张骞亦因其出使有功，被封为"大行"（负责外交礼仪的官员）。次年，张骞病逝于长安。

张骞两度出使西域，达到了孤立匈奴的目的，为汉朝军队取得反击匈奴战争的胜利创造了条件。随着匈奴势力的削弱，丝绸之路得以畅通，大大促进了中西政治、经济、文化交流。首先，在政治上，丝绸之路畅通后，我国新疆与内地首次连为一体，关系日益密切。到宣帝神爵二年（前60年），汉在西域设立都护，从此确立了新疆与中原王朝的隶属关系。其次，随着张骞及其副使出访中亚、南亚、西亚各国，各有关国家也派出使臣回访长安，由此建立起了中国与丝路沿线国家经常性的外交往来。最后，在中西方外交关系建立的同时，丝路贸易日趋繁荣兴旺，且以使臣相互往来为主要形式的官方贸易日益占据主导地位。史书记载：汉王朝每年派出使臣十多批，每批使团人数从百余人到数百人不等，出使一次时间长达数年或十数年，往返的使

第六章 中国古代的对外贸易

团经常在丝绸之路上相互遇到。汉朝出使者"皆贫人子，私县官赍物，欲贱市以私其利外国"。而外国来华使者同样也是"奉献者皆行贾贱人，欲通货市买，以献为名"。可见，外交使团相当于官方商队，他们是以官方交往为名行贸易之实。由此，中原的丝绸、漆器、铁器等物品源源不断地流向天山南北及中亚、南亚及西亚各地。境外的奇禽异兽、象牙珠宝等奢侈品也大量涌入中国内地。在西汉政府维护下，丝路贸易日益呈现出官方的、经常性的、远达西方各国的色彩。中外经济贸易往来空前活跃，与此同时，文化思想也沿着丝绸之路进行着广泛的交流。

总之，张骞出使西域及随后汉王朝对匈奴战争的胜利，不但解除了汉王朝的边患，为汉王朝社会经济的发展创造了安定的环境，而且直接推动了丝绸之路的畅通，从而揭开了中国对外贸易的新纪元，使中外经济、文化得以广泛交流。由此增进了各国人民的友谊，开阔了人们的眼界，丰富了人民的生活，促进了人类文明的进步，因而司马迁盛赞张骞通西域有"凿空"之功。

丝绸之路的路线

丝绸之路是东自我国西汉的长安（今西安），横贯亚洲大陆，西达地中海东岸的一条商路，全长约7000多公里。

丝绸之路有南北两道之分。《汉书·西域传》称："自玉门、阳关出西域有两道：从鄯善，傍南山北，波河西行，至莎车为南道。南道西逾葱岭则出大月氏，安息。自车师前王庭，随北山，波河西行至疏勒为北道。北道西逾葱岭则出大宛、康居、奄蔡。"《后汉书·西域传》也有类似的记载："自鄯善逾葱岭出西诸国，有两道。傍南山北，波河西行至莎车，为南道。南道西逾葱岭，则出大月氏、安息之国也。自车师前王庭随北山，波河西行至疏勒，为北道。北道西逾葱岭，出大宛、康居、奄蔡焉。"可见，丝绸之路在我国境内，南道是由敦煌（今敦煌西）出阳关（敦煌西南古董滩附近），过鄯善（本名楼兰，都城为抒泥，今若羌县治卡克里克），沿昆仑山北西行，经且末（今且末县，塔里木盆地东南）、精绝（今民丰县北）、于阗（今和田一带）、皮山（今皮山县）至莎车（今莎车）；北道是由敦煌出玉门关（今敦煌西北小方盘城），越流沙，至车师前国（今吐鲁番），沿天山南西行，经焉耆（都城为员渠城，今焉耆西南四十里）、龟兹（今库车）、姑墨（今阿克苏）至疏

中国古代贸易

ZHONG GUO GU DAI MAO YI

丝绸之路群雕

勒（今喀什）。这条路之所以分南北两道，是因为在我国新疆境内有塔里木盆地、塔克拉玛干大沙漠的横隔，只能沿昆仑山北侧或天山南侧西行的缘故。

从阳关、玉门关向东，直至丝绸之路的起点——长安（今西安），是长安到新疆之间我国国内交通的主要干线，又是丝绸之路在我国境内不可分割的一部分。这条商路又分为两段：一是从长安至河西走廊；二是河西走廊（即甘肃走廊）。

长安至河西走廊的这段商路，也分为南北两道。北道是自长安，经咸阳、兴平、礼泉、乾县、邠县、长武、泾川至平凉，再经固原、海原、靖远、景泰、古浪至武威。北道的开通，是在西汉时期。南道是从长安出发，经咸阳、兴平、武功、郿县、宝鸡、汧阳、陇县、陇城、秦安、通渭、陇西、渭源、临洮、临夏，至青海的民和、乐都、西宁，再往北过大通河（古浩门河），越祁连山过扁都口，经民乐至张掖，在此与北道汇合。南线的开辟，也始于西汉。张骞第一次出使西域，就是走的这段路程。其后，东晋的法显从长安经河西、新疆到印度去求法取经，也正是途经此道。由于南道位于黄河以南的农耕地区，自然条件优越于北道。以上是南北两条干线，此外，还有若干条支线，这里不赘言。

河西走廊，在古代中西交通史上具有重要的地位，是由中原抵达西域的最理想的通道。这段商路是从武威起，经永昌、山丹、张掖、临泽、高台、盐池、临水、酒泉、嘉峪关、玉门镇、布隆吉、安西至敦煌。自敦煌往西，便同上述的新疆境内的丝绸之路的南北两道相接。

越葱岭（今帕米尔）出国境后，是丝绸之路的东段，仍分南北两道。南道，一是从皮山西南行至乌耗（今叶尔羌河上游）而达罽宾（今克什米尔）；二是从莎车，经蒲犁（今塔什库尔干），沿帕米尔河过休密（今阿富汗境内的瓦罕），经兰氏城（今阿富汗境内瓦齐拉巴德）至木鹿（今苏联土库曼共和国境内马里以东），该商路抵达大月氏、大夏、安息等国。这是两汉时中亚境内的一段主要商路。北道，一是从姑墨越天山，过阗池（今苏联境内伊塞克湖），绕葱岭以北而达康居的郅支城（今苏联境内江布尔）；二是从疏勒西行

第六章 中国古代的对外贸易

越山道而达大宛、康居、奄蔡。两者相比，后者是一段主要的商路。奄蔡的西界是博斯普鲁斯王国。该王国是希腊殖民建立的，公元前一世纪中叶成为罗马的属国。其都城潘提卡丕昂（今刻赤）是转运东方商品往罗马的中间站。公元前1—2世纪，在安息控制经行伊朗高原和波斯湾的贸易情况下，该商路起了一定的作用。

再往西是横亘伊朗东西的一段商路，是丝绸之路的中段。它位于厄尔布尔士山脉与卡维尔沙漠之间，路途笔直而便捷。自木鹿西行经番兜（《后汉书》称和椟，希腊人称之为"百门"之城，即海克桐皮罗斯，今达姆甘附近）、拉盖（今德黑兰附近）、阿蛮（安息王的夏都艾克巴塔那，今哈马丹）至太西丰（底格里斯河左岸的安息王冬都，又称斯宾国，今巴格达东南20英里）和塞琉西亚（底格里斯河右岸的希腊商业城市，又称斯罗国）。这两城隔河相望，可视作一个整体。波斯萨珊王朝定此为国都，我国史籍称之为苏利城、宿利城及苏剌萨党那等，阿拉伯人称之为"麦大因"。

丝绸之路经过安息，再往西，是从塞琉西亚为起点往西北行的，由多条支路所构成的一段商路，称其为西段。其主要的有如下三条：一是从塞琉西亚为起点，沿幼发拉底河左岸，或经幼发拉底河附近阿拉伯游牧部落的沙漠地带西北行，渡巴里赫河（今贝利赫河）至内塞佛立昂（今叙利亚的拉卡），再西北行至阿帕美亚城，过幼河至对岸祖格马镇，转西南行，抵达安都城（今土耳其的安塔基亚）。安都城在古希腊时期是塞琉西王国的首都，在罗马帝国时期是罗马"东方"总督的治所，也就是我国史籍所记大秦国的国都。中国的丝织品到达安都城后，一方面转贩欧洲各国；另一方面从安都城北上转西，越过小亚细亚的陶卢斯山（今托罗斯山）西去，至小亚细亚都城埃弗塞斯（今土耳其西部伊兹密尔一带）。这条路，称其为西段的中道。公元前三世纪至三世纪期间，它随着塞琉西王国的兴盛而繁荣。二是自底格里斯河的塞琉西亚出发，渡幼发拉底河西北行，至杜拉·欧罗普（今叙利亚的萨利希亚堡），再西行抵达帕勒米拉（今叙利亚的塔德漠尔），又西北行抵安都城，或西南行至大马士革，再转向地中海东岸的西顿、太尔、贝鲁特等港口。这条路，就是西段的南道。它是随着叙利亚沙漠北部商队城市的兴起而形成的，到公元三世纪才逐渐衰落。地中海东岸出产骨螺，这种动物分泌的液体可制成紫色染料。太尔港以染紫工业和制作丝织品服装著称，从中国辗转而来的丝织品，便是在这里进行拆散和染紫，再织成当地喜用的轻纱。之所以染成

紫色，是因为罗马人把紫色看成最名贵和最高尚的。三是西段的北道，从太西丰出发，沿底格里斯河左岸北上，经古亚述都城尼涅微（今伊拉克的尼内韦赫），过河至摩苏尔（今伊拉克境内），西北行，经尼西比斯（今土耳其的努赛宾）、艾德萨（今土耳其的乌尔法）、阿帕美亚、祖格马镇至安都城。这条路因在北方，气候适宜，雨量充分，水草丰足，商队往来不绝于途。

以上是经由我国境内和出我国国境经中亚、西亚的丝绸之路。除此以外，还有一条是经行天山北路和东南俄草原的丝绸之路。两汉时期，天山以北就有路相通，但由于匈奴的侵扰受到了阻梗。《汉书·西域传》"车师后城长国"条称："元始中（115），车师后王国有新道，出五船北，通玉门关，往来差近，戊己校尉徐普欲开以省道里半，避白龙堆之厄。车师后王姑句以道当为拄置，心不便也。"直到三国时，车师后部王内属魏国，这条路才得以畅通，称之为北新道，相对两汉的北道而言。北新道一词，始见于《魏略·西戎传》。三国时的北新道，是在康居西北同汉代的北道连接起来，经奄蔡到达罗马帝国在里海沿岸的领土。这条路对于罗马帝国来说，显得十分重要。罗马帝国在公元一至三世纪，先后同伊朗的安息朝和萨珊朝争夺两河中上游地区。为了摆脱安息朝对丝绸贸易的控制，力图开辟输入丝绸的新路。它一面利用印度洋上的季候风开展对东方的海路贸易；一面从黑海方面获得丝绸。北新道的开辟，正是满足了罗马帝国从陆路方面获取丝绸的需要。到了隋代，裴矩的《西域图记》也记述了这条路，称之为北道。到了公元十三、十四世纪，即元代时期，该路的重要性更为突出。

另辟蹊径： 海上丝绸之路

航运代替陆运是世界经济贸易发展的必然趋势。早在丝绸之路的早期阶段，我国已经开辟海运航线，发展海上贸易。西汉已有从广东出海远航印度的航线，根据《汉书·地理志》记载：我国历史上的第一条远洋航线是"自日南障塞、徐闻、合浦船行可五月，有都元国；又船行可四月，有邑卢没国；又船行可二十余日，有谌离国；步行可十余日，有夫甘都卢国。自夫甘都国船行可二月余，有黄志国"。徐闻、合浦是广东最早的贸易口岸，徐闻在雷州半岛南端，合浦古称廉州，在今北海市北面，西汉的远洋船就从这里出发，政府官员、翻译官和应募而来的贸易人员，就在徐闻、合浦入海，沿着印度

第六章 中国古代的对外贸易

洋航线，带去黄金、各色丝绢，"市明珠、璧流离、奇石、异物"。自西汉武帝以来，印度黄志国多次遣派使团来到汉朝中国，互通有无。由于这条南海——印度洋航线交换的货物主要是中国的丝绸和国外的香药，因此被称为"丝香之路"。在打通陆上丝路的同时，中国也开辟海上丝香之路，其航程也像陆道一样逐步扩展。

秦汉早期的海上航程还是很有限的，中国商船大致在马来半岛停泊，商使一般上陆转船，再航孟加拉湾、印度。船从徐闻、合浦出海后，航行于北部湾，再出南海，航进暹罗湾。在马来半岛的克拉地峡登陆，"步行可十余日"，进入缅甸境内的夫甘都卢国。再由缅甸西航，过孟加拉湾，到达印度东南海岸的建志补罗。在当时的条件下，还不可能直运，转船是通常的，所以《汉书·地理志》也说："蛮夷贾船，转送致之"。所谓蛮夷贾船，也就是外国商船，早期航程还得请他们转运。不过，从克拉地峡上岸，海陆转运的时间并不很长，随着贸易来往的增加，中国和印度洋国家的商船就直接沿着马六甲海峡航行，进行直接贸易了。

印度洋到南海的航线，是世界上最早的海外贸易地区，古罗马帝国和中国的海上贸易，也就是在这条远洋航线上逐步展开的。在这条航线上，印度洋中的印度、锡兰，南海的苏门答腊是贸易的中转环节。

古罗马商人欲通中国，陆上受到波斯所阻，但东方的丝绸、香料贸易，深深吸引着他们。罗马商人从埃及的红海古港迈奥霍穆扬帆出海，每年发船百余艘远航印度洋，东抵印度的马拉巴海岸和锡兰岛（斯里兰卡）。在印度港口，中国商人、印度、波斯和罗马的商人们，互易货物。中国人主要以丝帛为大宗商品，换取香药、象牙、珠宝、犀角之类的货物；罗马商人则将丝绸之物运往红海港口，再用骆驼队驮运到尼罗河，然后溯河到埃及的亚历山大港。亚历山大港是地中海的转运中心，从这里又运往罗马帝国的安都城（今土耳其的安塔基蓝），再和横贯亚洲大陆的丝绸之路西端联结了起来。关于这条远洋航线的西端情况，公元三世纪的《魏略》对古罗马的记载，已较前清楚了："其国在海西，故其俗谓之海西。有河出其国，西又有大海（地中海）。海西有（乌）迟散城。"亚力山大港是罗马帝国的海外行省，是地中海、印度洋和远东货物的集散地。当时红海与地中海之间，被苏伊士地峡所阻，是不能通航的，因此仰赖尼罗河南航，再陆行至红海，出航到印度洋来贸易。早期的印度洋丝路贸易，虽然转辗贩易，但还是能够相互交流的。陆上丝道的中间人是安息，海上丝路的

163

居间人是天竺（印度），汉与印度做贸易时，就与罗马商人在天竺相会。所以《后汉书·天竺传》说："天竺国一名身毒（印度）……西与大秦通（罗马），有大秦珍物……"当时中国和罗马的商船，各自东西方向驰往印度，进行东西方贸易。因此，古埃及女王姑娄巴，罗马统治者凯撒及其宫廷能够得到中国丝锦袍服，而中国也由此得到海西琉璃、香药和幻人（魔术师）。两汉时，南海——印度洋丝路航线虽未全通，但已初具规模。

三国时期，孙吴建置广州以后，我国南方门户开始了重要变迁。两晋和南朝的海外贸易已全赖广州港口，北朝的远洋门户也在广州，舶来品由南朝转口而来。秦汉时的合浦、徐闻古港已经悄然隐退，而让位于交广两州。交州的龙编港（今越南河内），与内地联系较远，而广州则经大庾岭到赣州，即可溯赣江北上，转道京师，货运方便得多了。于是南洋——印度洋贸易的起点港口集中到广州，各国商舶，如师子国舶、波斯舶、婆罗门舶、蕃舶都从南洋、印度洋国家的港口来到广州。中国商舶也越过马六甲海峡，横渡孟加拉湾和阿拉伯海，向着更大的航程发展。

唐朝陆海两道的对外贸易都很活跃，尤其海上贸易发展到了一个新的阶段。香料成了主要的进口货物，一条从广州出发，远达波斯湾、红海，以至东非沿岸的南海、印度洋的亚非航线已经形成，在这条商道上满载着香料和丝绸的海船云帆高挂，破浪前进。这条香丝之路当时已由中国的商舶开拓了出来，史称"广州通海夷道"。

郑和下西洋

从明成祖永乐三年（1405年）到明宣宗宣德八年（1433年），明政府派郑和率领庞大船队七下西洋，从而将明代以至整个古代中国的官方贸易——"朝贡贸易"推向顶峰。

郑和（1371—1433年），世称"三保太监"，本姓马，名和，小字三保，云南昆阳回族人。其家为云南伊斯兰望族，郑和自小受到良好的家庭教育。洪武十五年（1382年），明军攻占了云南，消灭了元朝残余势力梁王政权。适值郑和父亲病故，家道中落，年仅12岁的郑和被明军俘虏，遭阉后进入燕王府做了宦官。"靖难之役"中，郑和"出入战阵，多建奇功"，表现了他非凡的军事才能，为燕王朱棣夺取皇位立下汗马功劳。朱棣登基后，任命郑和为内官监太监，负责管理宫室建设及采购宫室所需。永乐三年（1405年），郑和奉明成祖之命出使西洋。（西洋这一地理概念，在历史不同时期所指范围不一，明初大体是指南海以西至非洲东部的海洋及沿海国家和地区；到明中叶，则以加里曼丹岛的文莱为界，以西称西洋、以东称东洋；明末清初以后，指欧美各国。）

关于郑和下西洋的目的，历来众说纷纭，归纳起来大体上有四种说法：一是追捕建文帝。朱棣发动"靖难之役"，攻克南京，建文帝下落不明，故郑和下西洋的目的被认为是"探寻建文帝踪迹为首"；二是积极发展海外贸易；三是恢复发展明王朝与海外各国的外交关系，以提高明王朝的国际威望；四是加强明王朝的海防。这些观点涉及政治、经济、外交、军事的各方面，孰是孰非尚无定论。

从公元1405—1433年，历时28年之久，郑和率领庞大的船队七次出使西洋，每次大小船只200余艘，人员两万多，各种宝物数以万计，与亚非各国开展了广泛的政治、经济、文化交流。

郑和第一次出使，是在永乐三年（1405年）六月，郑和同副使王景弘率领27800余人，驾驶船舶200余艘，其中宝船（装载贵重商品及船队的指挥中心）62艘，装载大量金银、丝绸，从江苏太仓刘家港出发，沿海航行至福州，再自福建五虎门扬帆南下，先后到达占城（今越南南部）、爪哇、苏门答腊、满剌加，又继而西航，穿过马六甲海峡，过翠蓝屿（今尼科巴群岛），抵达锡兰山（今斯里兰卡）和印度西海岸的古里等国，最远到达印度西海岸的甘巴里（今坎贝）。郑和船队返航时又经过旧港（今印度尼西亚巨港），在此剿灭来自中国的海盗陈祖义集团，使中国至东南亚航路畅通。永乐五年（1409年）九月，郑和船队返国。

第二次出使，时间是从永乐五年（1407年）九月至永乐七年（1409年）八月，这次航行的路线，除航经暹罗（今泰国）外，其他与第一次航线完全相同。此次郑和船队返航时有古里、暹罗等六国使臣随船来华，中国与东南亚国家间的朝贡关系从此频繁起来。

第三次出使，始于永乐七年（1409年）

郑和雕塑

中国古代贸易

郑和下西洋的线路图

九月，这次航行同第二次航线基本相同，只是进入暹罗湾后，未从暹罗直达爪哇，而是先抵达旧港（今苏门答腊巨港），再从旧港东去爪哇，西去印度西海岸各国，直至阿拨把丹（今阿默达巴德）。在锡兰山，郑和生擒锡兰山国王。据史书记载，锡兰山国王亚烈苦奈尔凭借地理优势，经常劫掠往来使臣。郑和至其国，亚烈苦奈尔发兵5万劫夺宝船，被郑和击败。亚烈苦奈尔及其臣属被俘，永乐九年（1411年）被郑和押解至南京（后明成祖将其释放回国），此举对于那些阻碍中外交往、恃强凌弱的国家起了极大的震慑作用。

第四次出使，是从永乐十一年（1413年）十一月至永乐十三年（1415年）七月。这次出使的航线是：当抵达印度西海岸的古里（今科泽科德）后，过阿拉伯海，远航至波斯湾的忽鲁谟斯（今霍尔木兹海峡伊朗阿巴斯港）。进而又越过阿拉伯半岛抵达非洲东海岸。自此，非洲国家开始频繁来华访问。

第五次出使，时间是从永乐十四年（1416年）十二月至永乐十七年（1419年）七月，这次出使的目的主要是护送亚非各国贡使回国。其航程与前有所不同，当船队到达占城后，未南下直航爪哇，也没有进入暹罗湾，而

第六章 中国古代的对外贸易

是抵达马来半岛的彭亨（今关丹），由此再往东南到达爪哇继而西行，穿过马六甲海峡，过翠蓝屿、锡兰岛，到达印度西海岸各国，由此西北行抵达忽鲁谟斯，再沿阿拉伯半岛东南海岸经祖法儿（今佐法尔）、阿丹（今亚丁），到达北非的剌撒（今祖拉），出亚丁湾再到东非沿岸各国。

第六次出使，是在永乐十九年（1421年）正月至永乐二十年（1422年）八月，任务仍然是护送外国使臣回国。当船队到达占城后，过昆仑山（今越南南部昆仑岛），进入暹罗湾，再从暹罗湾南下沿马来半岛东海岸到达马六甲海峡，出海峡经翠兰屿北上至浙地港（今吉大港），再沿印度东南海岸到琐里，绕印度南岸抵达古里（今科泽科德），越阿拉伯海至阿拉伯半岛的祖法儿（今佐法尔）和阿丹（今亚丁），再沿非洲东海岸到达东非各国。

第六次下西洋以后，朝中反对下西洋者渐多。加之永乐十九年皇宫三大殿遭遇火灾，明成祖被迫下令暂停下西洋活动。此后多年明廷不再遣使出国，中外关系疏远，明王朝在海外的影响力降低。宣德五年（1430年），明宣宗又派郑和、王景弘出使西洋。郑和船队进行了最后一次的航行，即第七次出使。"宝船"到达忽鲁谟斯后，未向西行进。其分宗则从古里（今科泽科德）过阿拉伯海抵达祖法儿、阿丹直至天方（今麦加）。此次经行20余国，船队于宣德八年（1433年）七月返国。

综上所述，郑和下西洋的方向是先向南再向西，南向的终点是爪哇，西向的终点则逐渐伸延至东非。

知识链接

清代的漆器出口

清政府并不重视漆器生产，它不像明代官营果园厂那样，征募全国名匠无偿劳动。清代漆器多属民营，但也继续出口，以销售日本为多。江苏，浙江、福建、广东均有漆器对日出口，尤以江苏（当时为江南省）的镙漆

器、堆朱青贝、莳等漆器为日本所欢迎。为鼓励出口，漆器的出口税只有1%~3%。由于清政府的腐朽政策，鸦片战争前，漆器生产已呈凋零状态，后来更是日趋衰落。

第二节 历代的对外贸易

两汉与东西方各国的贸易

汉代通过陆上及海上丝绸之路与东西方各国开展了较广泛的贸易往来，这一时期，经由西域的陆上丝绸之路占据主导地位，因而中国对外贸易的地理方向亦主要集中于丝绸之路沿线的国家。同时，经海上丝路的贸易也逐渐展开。

西汉时，中亚地区小国林立，北有康居、大宛、奄蔡（东汉时称为阿兰、聊国，位于康居北），南有月氏、大夏、罽宾（今克什米尔地区）等国。这些国家与中国贸易关系均较为密切。到东汉时，月氏人强大起来，先后征服诸多邻国，成为中亚一大强国——贵霜帝国，从而充当了中国在中亚的最大贸易伙伴。

西汉时，康居大体分布在今哈萨克斯坦境内，人口约有60余万，拥兵12万，是中亚北部大国。民众以游牧为生，其地盛产皮毛。张骞第一次出使西

第六章 中国古代的对外贸易

域,曾经由大宛至康居,康居王热情地接待张骞一行并派人将其送到大月氏。公元前129年张骞第二次出使西域,抵达乌孙后,曾派其副使到达康居。随后康居使臣与汉使一同回访汉都长安,由此建立了汉王朝与康居国的正式官方往来。康居地处中亚腹地,是中国丝绸重要的居间者。

大宛,在今中亚费尔干纳盆地,都城在贵山城(今乌兹别克斯坦卡散赛)。西汉时有居民30万,大小70余城,农业和畜牧业都比较发达,产稻、麦、葡萄酒及汗血马。张骞第一次出使西域时,曾到大宛国,大宛王早就听说汉富饶,想和汉通好。故大宛王主动派人护送张骞西去。当张骞第二次出使西域后,中国汉王朝与大宛已建立起了正式的官方关系。一时间两国之间"使者相望于道",大宛成了中国丝绸西运的重要集散地之一。不过,汉武帝时,大宛与汉的贸易关系时常受到匈奴势力的影响。《史记·大宛列传》记载大宛国"及至汉使,非出币帛不得食,不市畜,不得骑用,所以然者,远汉,而汉多财物,故必市,乃得所欲。"另据《汉书》记载:汉匈战争,汉王朝需众多优良战马,武帝从出使西域的使者口中得知,大宛出产一种优良战马——汗血马,于是派人持千金到大宛购马。受匈奴控制的大宛王认为奇货可居,拒绝将马售给汉,还将汉使残杀,劫夺了汉使所携带的财物,引起汉武帝大怒。太初元年(前104年),武帝派贰师将军李广利率军出征大宛。太初四年(前101年),大宛战败投降。匈奴在大宛的势力被消除,汉与大宛重新结盟。此后大批汗血马被运往中原,壮大了汉王朝的骑兵队伍。

大宛西南是大月氏,大月氏地跨妫水(今阿姆河南北),民众40万,拥兵12万,是一游牧大国。西汉时,在大月氏之南为吐火罗人建立的巴克特里亚政权,汉文史书称之为"大夏",大夏土地肥沃,物产丰富,人口多达100多万,地处印度、中国、安息三大国的中心,是中西交往的重要通道。公元前二世纪,大月氏征服大夏,将都城迁到兰氏城(今阿富汗巴尔赫)。此后,月氏势力不断壮大。到东汉初年,即公元1世纪初,大月氏贵霜翕侯丘就统一了月氏各部,定都于布路沙布罗(今阿富汗白沙瓦),建立起贵霜王朝,随后不断向外扩张,先后占领了康居、罽宾、濮达(兴都库什山南)、高附(今喀布尔)、安息东部及印度西北部(约今巴基斯坦)。到迦腻色迦王时(约100—162年),其统治范围已囊括今阿姆河及印度河流域的广大地区,成了地跨中亚及印度西北部的强大帝国。贵霜帝国也成了中国丝绸西运的第一站,月氏人充分利用其地理优势,与中国开展频繁的贡使往来及民间通商,再将中国商品转运于西方,由此赚取了高额利润。

中国古代贸易
ZHONG GUO GU DAI MAO YI

安息是汉代时伊朗高原上的西亚大国,西方称之为帕提亚王国。它建于公元前248年左右,其第一代国王名阿萨息斯,故称阿萨息斯王朝,汉译为安息。中国史书以王朝名其国,故称其为安息国。公元前二世纪,安息不断发动对外征伐战争,终于成为一个势力强大的帝国,其版图北达里海,南抵波斯湾,东接大夏、印度,西至两河流域。到张骞出使西域时,已知"其属大小数百城,地方数千里,最为大国"。其人民善于经商,"民商贾用车及船行旁国,或数千里"。张骞第二次出使西域时,曾遣其副使出访安息,安息王特派两万骑兵在其东部边境木鹿城(今土库曼斯坦马里)迎接,经数千里导引到达其国都。公元前117年,安息王遣使随汉使到达汉都长安,安息使"以大鸟卵及黎轩眩人献于汉",自此两国建立起正式的官方关系,双方使臣、商人往来络绎不绝。

东汉时双方继续通商往来,《后汉书·西域传》记载:章帝元和元年(84年),安息遣使送来狮子和符拔(形似麟而无角);和帝永元十三年(101年),安息又送来狮子及条支大鸟。安息因其地处丝绸之路的咽喉地带,中国丝绸西运罗马,无论走东段的哪条道路,最后都要汇集到安息。因此,安息得以垄断东西方的贸易。为高额利润所诱,安息始终竭力阻止罗马与中国发生直接的贸易关系。《三国志》卷30引鱼豢《魏略·西戎传》记载:大秦"常欲通使于中国,而安息图其利,不得过",《后汉书·西域传》也称"(大秦)其王常欲通使于汉,而安息欲以汉缯彩与之交市,故遮阂不得自达。"公元97年,东汉西域长史班超派甘英出使大秦,甘英到达波斯湾,欲渡海至罗马,遇安息人诳称:"海水广大,往来者逢善风三月乃得度,若遇迟风,亦有二岁者,故入海人皆赍三岁粮。海中善使人思土恋慕,数有死亡者。"甘英听后只好望洋却步,返回汉土。

古罗马商船

安息在阻止中国与罗马直接贸易的同时,积极转运东西方物品。中国丝绸、铁器源源不断流向西亚、罗马等地,西方的珠宝、琉璃、香药、象牙、犀角及各种奇禽异兽也经由安息商使传入中国。

大秦即罗马帝国,两汉时又称其为黎轩。作为东西方两个强大的帝国,中国和

第六章 中国古代的对外贸易

大秦均致力于发展对外关系。辗转而来的精美的中国丝绸成为罗马人孜孜以求的货物,富庶的罗马很快成了中国丝绸最大的消费市场。然而,由于汉与罗马相距遥远,无论陆海交通均有若干国家阻隔,其中陆路最主要的居间者是罗马东部邻国安息,海路则有阿拉伯人阻隔。公元1世纪中叶以前,罗马商船沿海岸曲折航行前往印度,在阿拉伯半岛常受到阿拉伯商人的阻拦。不过,海上的阻力小于陆上,因而罗马与东方的贸易主要是经由海上进行的。西汉时,罗马人每年派出商船航行至印度西南海岸,购回来自中国的丝织品。因此,中国丝绸抵达罗马后,其价极其昂贵。罗马为减少丝绸的中转,曾极力寻求与中国直接通商。《后汉书·西域传》载:罗马"其王常欲通使于汉,而安息欲以汉缯彩与之交市,故遮阂不得自达。"安息为了获取高额的垄断利润,对中国及罗马相互派往对方的使节均加以阻挠。中罗贸易一方面规模庞大,另一方面又受到多重居间操纵,因而罗马为此付出了高昂的代价。据罗马博物学家普林尼估计:罗马每年流入阿拉伯半岛、印度和中国的金币不下1亿塞斯特斯(约10万盎斯黄金)。严重的贸易逆差对罗马帝国的财政经济带来了十分不利的影响,以致罗马帝国初期,梯庇留斯皇帝曾下令禁止男子穿绸衣。但禁而不止,穿着丝绸服装已成为社会风尚。

到东汉时期,随着海上交通的发展与航海技术的提高,中国与罗马之间的贸易得到了进一步发展。公元1世纪中叶,亚历山大里亚人希帕拉斯了解了南阿拉伯人早已掌握的印度洋季风的秘密,即利用每年4~10月的西南季风驶往印度南岸,利用11月至次年3月的西北季风自印度返航。罗马船队从此不再沿岸航行,而是直接越过阿拉伯海,从而避开阿拉伯人,并逐渐取得印度洋上的优势,中国丝绸被罗马商人从印度西海岸大量运载回国。与此同时,中国与罗马间也终于实现了直接通航贸易。据中国史书记载:"桓帝延熹九年(166年),大秦王安敦遣使自日南缴外献象牙、犀角、玳瑁,始乃一通焉。"此事未见于罗马史籍,可能为罗马商人假托使臣之名,但毕竟表明自此罗马与中国直接的海上贸易发生了。罗马商人频繁往来于扶南、日南、交趾等港口,他们贩运来罗马的金银、玻璃、海西布、火浣布、金缕罽及东南亚的象牙、犀角、香料等。同时,中国丝绸源源不断地流入罗马,地中海东岸的一些罗马城市如提尔、西顿等一时间成了丝织业中心。他们把来自中国的丝绸拆解,重新染色,再织成罗马人喜欢的绫绮,罗马人穿着中国丝绸更加普遍。西方文献也记载:"中国与罗马等西方国家的海上贸易,要以广州为终止点,盖自纪元3世纪以前,广州已成为海上贸易要冲矣。"

群雄割据下的对外贸易

三国魏晋南北朝这段期间,中国分裂了360余年,在北方,社会经济遭到了严重的破坏;但是在南方,社会经济却在不断发展。长江流域经济地位明显地上升,对外贸易已转为海上贸易为主。闽江流域、珠江流域也加快了历史的步伐。孙吴建国东南,吴以水师为优势,倡导航海,曾遣舰队万余人进驻台湾。公元226年把当时辖境很大的交州郡,分为广州和交州二郡,广州下设南海、苍梧、茂林、合浦四郡。这是一项顺应历史发展的明智措施,奠定了广州以后作为我国对外贸易中心的历史基础,并且加快了珠江流域的开发。

公元226年,罗马商人秦论来到中国当时管辖的交趾(今越南北部),取道桂湘到武昌见了孙权,申述罗马帝国与中国通商的愿望并介绍了海外概况。孙吴方面表示了积极的态度,碍于当时的客观条件,还不可能和罗马帝国建立经常直接的贸易关系。但通过第三国的中转,中国和罗马之间的贸易往来则是可行的。同年,吴国派出重臣朱应、康泰前往林邑(今越南南部)、扶南(今柬埔寨)和马来半岛等地。两人返国后,分别著有《扶南异物志》和《外国传》。此两书虽在唐代已佚,但吴和印度支那的历史交往事实是永存的。

公元317年,晋元帝在建康建立了东晋,直到589年陈后主被俘的270余年的南朝,历经宋齐梁陈诸朝,都是半壁河山,力图开发江南,以求生存。于是建康(南京)、京口(镇江)、山阴(浙江绍兴)、襄阳、江陵、成都、广州等南方城市,渐趋兴旺繁荣。建康的市景百业,也等于二京(长安、洛阳)之貌。海外贸易经由交州的龙编港(今越南河内东天德江北岸)和广州的番禺(今广州),尤其因为广州北有近道可通中原,又居南粤中央、珠江三角洲北端三江江合之处,南出大海,集天时地利之便,故南朝对外经济贸易重心已移至广州。交广两州仍为中国南方门户,但已以广州为主。

公元420年刘裕建宋,宋继续东晋的政策,发展海外贸易。宋齐梁陈诸代的对外政策大致相沿,但宋梁两朝更为积极,主要是和财政收入有关。梁魏南北相峙期间,梁利用海上贸易的优势,不仅自己进口海外异物,而且还利用梁魏边镇互市,做北魏的转口生意。梁内有朝廷之需,外有边关之费,又和北魏对垒,军费浩繁,仍能财政裕如,海外贸易是一条财源之路。北魏贵族虽出身于鲜卑部落,但多年安逸也逐渐改变了原来的艰苦习性,已与封

第六章 中国古代的对外贸易

建地主阶级过着同样的骄奢淫纵生活,因此也需要从南朝转口来的香药等物。南北互市有助于当时的和平安定。

北魏政权也是从实际的经济利益出发而提倡对外贸易。他们除和南朝互市外,仿效秦汉做法,开展陆道丝路贸易。因为河西走廊是兵家必争之地,又是丝道咽喉之禁区,北魏无力控制河西走廊之时,又开拓了从延安出发,绕行于山间去武威的丝绸岔道,保持了西域古道上的贸易往来。

南北朝期间,着重发展了南海贸易。林邑、扶南、阇婆(今爪哇岛)、干陀利(今苏门答腊)、狮子国(斯里兰卡)、天竺(印度)等地,都和中国保持和发展了经济贸易关系。进口货物有象牙、犀角、珍珠、琉璃、吉贝、香料之属,输出品多为绫绢丝锦等物。宋代南朝统治了约60年,由于倡导海外贸易,故在南海的洋面上出现了"舟舶继路,滴使交属"(《宋书·蛮夷传》)的局面。对外招徕,蕃客自来,这是中国贸易史上的经验。梁代每年接待的外国商舶在十余批左右。

南朝的对外贸易已较两汉有所发展。明显的区别:一是海上贸易已占绝对优势;二是对外贸易已采取比较灵活和放宽的政策,给予外商较多的自由活动,仿租调制征收实物税后,货物可听便贸易。由于南北朝的分立,国家未能统一,又影响了对外贸易的发展,北方的丝绸产品不能顺利出口,海外商人多从南方入境,不便来到北朝贸易。历史要求国家统一的规律是不可阻挡的,秦汉以来的对外经济贸易也要求统一的国家来为它提供更多的周旋余地。

对外贸易的新局面

海上丝绸之路自汉代形成后,中国的海外贸易便开始发展起来。但在唐代以前,由于造船和航海技术的限制,中国的对外贸易主要以陆上丝绸之路为主,海路贸易在中国对外贸易中不占主导地位。自唐代起,随着中国经济重心的南移、造船和航海水平的提高,海上丝绸之路日趋繁荣,海外贸易成为中国对外贸易的主要方式,中国海外贸易政策及管理制度亦应运而生并随中外政治经济环境的发展而变化。

在高度开放的总方针下,唐王朝奉行积极发展海外贸易的政策,其主旨在于:一是通过海外贸易活动加强中外政治经济联系,维护唐王朝的国际威望;二是通过海外贸易进口各种海外奇珍异物以满足上层社会的奢侈性需求;

三是通过发展海外贸易增加政府的财政收入。文献记载：唐代"海外诸国，日以通商。齿革羽毛之殷，鱼盐蜃蛤之利，上足以备府库之用，下足以赡江淮之求"。黄巢起义后，人称"南海市舶利不赀，贼得益富，而国用屈"。

唐代采取的积极鼓励海外贸易的政策包括以下内容：

1. 优待外商

（1）对官方朝贡贸易使臣厚礼接待。唐高祖武德八年（625年），林邑国（今越南中南部）遣使携带土特产来华，高祖"设九部乐以宴之，及赐其王锦彩"；唐太宗贞观二年（628年），真腊国（今柬埔寨）遣使来华，太宗"嘉其陆海疲劳，锡赉甚厚"。此类记载频见诸于史载。

（2）政府以优惠价格与外商交易。据阿拉伯人《中国印度见闻录》记载："海员从海上来到他们的国土，中国人便把商品存入货栈，保管六个月，直到最后一船海商到达时为止。他们提取3/10的货物，把其余的7/10交还商人。这是政

唐高祖画像

府所需的物品，用最高的价格现钱购买，这一点是没有差错的。每一曼那的樟脑卖50个'法库'，1法库合1000个铜钱。这种樟脑如果不是政府去购买，便只有这个价格的一半。……在商业交易上和债务上，中国人都讲公道。"即政府按高于市场的价格购买进口商品，使外商得到更大的实惠。

2. 尊重外商习俗和宗教信仰

唐代在外国人聚居的广州等口岸设立专供外国人居住的街区——"蕃坊"，各蕃坊蕃长由外商推举并经唐朝政府任命，在遵守中国法律前提下，按本民族习惯和宗教信仰对蕃坊进行管理。

3. 保护外商的合法利益

（1）唐朝政府明确规定禁止重征外商。公元834年唐文宗颁布谕令："除舶脚（船舶税）、收市（政府购买）、进奉（进贡）外，任其往来通流，不得

第六章　中国古代的对外贸易

重加率税。"

（2）严惩沿海贪官污吏。唐玄宗时，曾有几任南海太守因敲诈外商被处死或流放。

（3）保护外商遗产。唐政府规定，在华外商不幸去世，其遗产由当地官府妥善保管，等其亲属认领。一定期限后，若无人认领方予以没收。

为适应海外贸易发展的需要，唐朝政府于玄宗开元二年(714年)在最大的对外贸易口岸广州设立了海外贸易的主管官员——市舶使，它标志着自唐迄明海外贸易管理制度——市舶制度的诞生。市舶使又称"结好使""押蕃舶使"，通常由皇帝的心腹宦官充任，位虽不高，但权力较大。市舶使的职能有以下几点：

（1）对进口货物登记、分类。船舶进港后，由市舶官吏对货物进行登记，并将货物分为粗货（普通货物）和细货（奢侈品）两种，以区别征税。

（2）征税。自唐朝，中国海外贸易税收正式开始。由市舶官吏对进口船舶征收进口税，所征正税称"舶脚"，又称"下碇税"，即吨税，税率不详。除正税外，有时还对奢侈品征收实物形式的货税。

（3）禁止奢侈品自由交易。对珍贵的进口货物，禁止商人自由经营，由朝廷和沿海地方政府收买，实行政府专营。

（4）设置栈房，保管外商货物。由于当时船舶载重量相对较小，外商的货物通常分批来华，唐朝为此在广州设立栈房，为外商保管货物。

（5）管理外商在华贸易。外商若到中国内地去贸易，需要到地方政府和市舶使处申领证件。地方政府负责发放身份证，上面注明外商姓名、年龄、民族等；市舶使负责签发"公函"，其上要注明外商携带的货物、白银数量，经过哨所要接受检查。

唐代海外贸易管理制度——市舶制度处于初创阶段，其组织较为简单，仅设有市舶官吏；管理的地域范围相对也较为狭窄。

对外贸易的高潮

两宋时期的封建统治者，对海外贸易基本采取了积极提倡的态度。据《宋会要辑稿》记载，北宋刚建立不久，宋太宗于雍熙四年（987年）五月，就曾"遣内侍八人，赍敕书金帛，分四纲，各往海南诸蕃国，勾诏进奉，博买香药、犀、牙、珍珠、龙脑。每纲赍空名诏书三道，于所至处赐之。"自此以后，宋朝

历代皇帝都先后采取了许多措施来鼓励和发展海外贸易。究其原因，并非仅仅因为封建统治阶级对海外的各种香料、珍珠宝石有着强烈的贪欲，更重要的，则是因为宋朝统治者深感在北方接连遭受辽、西夏、金的骚扰，战乱使国力损耗巨大，而发展海外贸易便可增加国家的财政收入，以助国用。据载，宋神宗说过："东南利国之大，舶商亦居其一焉。"南宋的海外贸易更超过了北宋。高宗末年，市舶收入岁达200万贯，超过北宋治平年间市舶岁入的两倍多，宋高宗曾说过："市舶之利最厚，若措置得宜，所得动以百万计。"（《宋会要辑稿》）

　　社会经济的发展为海外贸易提供了保证，两宋时期的农业较前有很大发展，为大量远销海外贸易提供了可能。此时的茶、稻、麦等运销许多国家，纺织业、陶瓷业、铁铜制品及印刷业都有很大发展，手工业品也成为出口的重要货物。

　　造船业的进步也促进了海外贸易的兴盛。在东南沿海地区，有许多制造"船舶""海舶"的作坊。官营作坊以造纲船、战船、座船为主，民营作坊以造商船及游船为主。当时以泉州制造的海船最著名。这一时期单只船的体积和载重量都较前代有明显增加。在今天泉州的海外交通史博物馆大厅内，陈列着一只出土的宋代大船，它残长24.2米，残宽9.15米。可以想见原船的巨大。据推算，这只船的载重量为200吨左右。宋徽宗时造了两艘出使高丽的大海船，称为"神舟"，据估计载重量约为1100吨。它结构复杂，尖底、吃水深，抗风浪的能力强，还有隔舱防水这一当时世界最先进的设备。两宋时期的造船业居于当时世界之首。

　　在航海技术方面，这一时期我国人民积累了丰富的航海经验。据《萍洲可谈》和《宣和奉使高丽图经》记载，"舟师"在海上航行时，"识地理，夜则观星，昼则观日"，"唯视星斗前迈"，说明此时已能掌握一些天文知识。而且，北宋时期就已将指南针广泛应用于航海了，这是中国人民对世界文明的伟大贡献。晴天时，航船可以凭借观察日月星辰判定方向，遇到阴晦天气，"则用指南浮针以揆南北"。在南宋时，更出现了将指南针安装在刻有度数和方位的圆盘上的罗盘针。航海技术的进步为两宋时期进行海外贸易提供了有利的条件。

指南针

第六章 中国古代的对外贸易

两宋时期的海外贸易，以官府名义进行的称为"朝贡"或"交聘"，即派出使节与海外各国进行贸易联系。外国使节进奉的"贡物"，宋朝政府总是给予优厚的"回赐"，这也就有利于促进与各国的贸易往来。民间贸易往来也很频繁，以私人身份进行海外贸易的不乏其人。宋时国家户籍上称从事海外贸易的人为舶商或舶户，其中不仅有富家大姓，还有不少中小商人及从事其他职业的人也乘船到海外经营生计。

从流传下来的《岭外代答》《诸蕃志》等书的记载来看，在两宋时期与中国进行海外贸易的国家和地区起码有50多个。其中比较密切的有高丽（朝鲜）、日本、占城（越南中部）、阇婆（爪哇）、蒲甘（缅甸）、真腊（柬埔寨）、三佛齐（印尼苏门答腊东部）、大食等，大多数是在南洋群岛与亚洲南部、西南部的沿海地区。民间的贸易往来也很频繁。有的史学家统计，两宋时期到高丽贸易的中国商人和水手，有记载可考的达5000人之多。在中国的登州、泉州、明州，每逢春末夏初的北风季节，港岸挤满了由高丽来的商船，并带来高丽的特产；等到夏秋之间的南风季节，高丽以礼成江口的碧澜渡或贞州作为对宋的主要贸易港口，许多中国商船运去大批中国货物。两宋时期，由于西夏阻断了大食与中国的陆路交通，海上航路便成为两国往来的唯一渠道。广州、泉州、扬州，则是阿拉伯商人频繁往来和留居的地方。

两宋时期的海外贸易主要是以货易货，互通有无，同时也进行了文化技术交流。当时进出口货物的种类和数量都是相当可观的。据有的史学家计算，宋代从海外进口的货物应有410种以上。这些进口货统称为"舶货"，其中有高丽的金属器皿、硫黄、药材；南海诸国的各种香料、珍珠、珊瑚；三佛齐的绢扇、雨伞、木梳、草席；日本的折扇、倭刀以及阿拉伯的珠宝等。中国输出的主要有纺织品、茶、书籍、瓷器等。在文化技术交流方面，中国将当时居于世界领先地位的雕板和活字印刷术等，以及一些工、农业技术输往世界各地。同时，阿拉伯等地区的天文历法、医学知识等也在这一时期传入中国。

两宋时期比较兴盛的港口有两浙路的杭州、明州、温州，山东半岛的密州、登州，南海路的广州等，其中广州和泉州在两宋时期是两个极繁荣的海外交通港口。在各港口中，"唯广最盛"，成为"物资浩繁""外国香货及海南客旅所聚"的著名海港。泉州位于福建东南海岸，当江海交汇之所，北宋初年就是一个重要的对外贸易港口，到北宋中期尤其至南宋以后，由于宋金战争所造成的宋朝政府的南迁，使泉州的海外贸易迅速繁盛起来。泉州港一年的市舶收入，就占南宋政府全部收入的1/50左右。几十个海外国家的商船

177

与中国商船大量往返贸易，使泉州"舶货充羡"，世人称为"富州"。

宋朝政府为了鼓励海外贸易，对外国商人和商船订有保护措施。如"蕃舶为风飘著沿海州界，若损败及舶主不在，官为拯救，录货物，许其亲属保认还。"中国官吏若对海外贸易有贡献，可得奖励；反之，若营私舞弊，破坏海外贸易，则"当重置之法"。

由于海外贸易的发展，促进了国内的手工业的兴盛。两宋时期的印刷业、造纸业、制茶业、造船业都相当发展，制瓷业也发展到极盛的地步。景德镇是著名的制瓷中心；浙江龙泉所产传统青瓷，仍为当时上品。我国的丝织品及其他某些手工业品在海外的销量也有所增加。同时从海外进口的舶货如沥青、苏木、硫黄等成为国内手工业的原材料；进口的许多药品及香料对中国的社会生活产生了某些积极的影响。社会经济的发展尤其商品经济的发展，对封建自然经济的逐步分解准备了某些条件，而且海外贸易使东南沿海人们传统的重本轻末、重官轻商思想受到了某种程度的冲击。所以说，两宋时期海外贸易的历史作用是不能低估的。

海上贸易的大发展

元朝在消灭南宋政权统一全国的同时，元世祖忽必烈立即着手恢复海外贸易。至元十四年（1277年），当元军取得浙、闽等地后，元政府就沿袭南宋旧制，在泉州、庆元、上海、澉浦（在浙江海盐县西南杭州湾北岸）四地设立市舶司，并招降重用原南宋主管泉州的市舶官吏蒲寿庚。至元十五年（1278年），世祖忽必烈在给福建中书省唆都和蒲寿庚的诏书中说："诸番国列居东南岛屿者，皆有慕义之心，可因番舶诸人宣布朕意诚能来朝朕将宠礼之。其往来互市，各从所欲。"但是，这次诏谕未能达到预想目的。蒲寿庚又奏请元世祖准予再次遣人诏谕海外诸国。元世祖虽未予允准并重申诏谕之事，"若无朕命不得擅遣使"，不过，元世祖在第二年即至元十六年还是派遣广东招讨使达噜噶齐（即达鲁花赤）出使。经过世祖的努力，南洋诸国使节和中外商贾在南津航线上络绎不绝，元与南海之交通贸易盛极一时。

元朝海外贸易，到了元世祖统治末年以后，出于政治上的需要，曾出现时禁时开的局面。忽必烈统治末年，就一度"禁商泛海"，但成宗即位（1294年）就取消禁令；大德七年（1303年）又"禁商下海"，撤销市舶机构，但

第六章 中国古代的对外贸易

到仁宗廷祐元年（1314年）又开禁并复立市舶司；延祐七年（1320年）又"罢市舶司禁贾人下番"，到英宗至治二年（1322年）又"复置市舶提举司于泉州、庆元、广东三路"。自此以后，直到元朝灭亡，没有再发生变动。元朝海外贸易四禁四开，主要是出于政治上的需要，而每次禁后不久又被迫重开，这说明海外贸易已成为维护元朝统治的一个不可忽视的因素和国民经济中相当重要的组成部分。

为了控制海外贸易，元朝政府先后在指定开放的港口设置市舶司并不断完善和制定市舶条例，以加强对海外贸易的管理。元朝政府所设立的市舶司，最多时达到七处，即泉州、庆元、广州、上海、澉浦、温州和杭州。而且其隶属的管辖机构也因贸易的变化在不断更动。最初，市舶司属元朝政府指定的有关行省管辖，以后又一度与盐运司合并，成立都转运司。但不久又分开，以市舶司隶泉府司和致用院。最后又改隶行省。元朝的市舶条例，虽仍承宋制，但在不断完善及改进。到了至元三十年（1293年），元朝正式制定了市舶则例22条，详细规定了船舶出海手续、禁运物资的项目、市舶抽税的办法、市舶司的职责，以及对外国商船的管理办法。例如，则例规定，出海贸易的船只、人员及货物，都必须经市舶司审核批准并发给通行的公验和公凭，才能从事海外贸易；对市舶抽分抽税，规定一切船舶货物均得抽分；对货物抽分规定分粗细两类，开始时对细货（指珍宝、香料等高级商品）十分抽一、粗货（一般商品）十五分抽一。到延祐元年（1314年），元朝政府又重新颁布市舶则例22条。此后，对细货抽分改为十分抽二，粗货也改为十五分抽二，增加了一倍。在抽分之后，对船舶还要抽税，规定舶税为三十抽一。市舶司的增设、市舶条例的完善以及市舶抽税的提高，都说明元朝海外贸易的发展。同时，元朝政府从海外贸易中也获得巨额的收益。例如，抽分所得的实物，一部分要进献最高统治者，供其奢侈享用。据至元二十六年江淮行省所报，市船司一年就进献珠宝400斤，金3400两之多。其余部分则由市舶司按规定就地出售并将所得款项上交政府。据称，在元代中期，仅发卖抽分和舶税收入，每年就高达10万锭钞之多。由此可见，元朝海外贸易时禁时弛和加强对其管理的目的，就是要使海外贸易

元世祖画像

置于政府的严密控制之下，以服从其政治和经济的需要。

元代对外贸易港口最多时有七处（泉州、广州、庆元、上海、澉浦、温州、杭州），但以泉州、广州、庆元三处较为重要，其中尤以泉州占首位。

泉州港即当时外国人所称的刺桐港。该港在我国福建省南部沿海城市，是我国古代对外交通的重要港口。在南宋时期，阿拉伯、南洋等地约有45个国家曾和泉州有经济贸易往来。到了元朝，特别是公元13—14世纪是泉州最繁荣的时期。据马可波罗在其《行纪》中说："印度一切船舶运载香料及其他一切贵重货物咸莅此港。是亦为一切蛮子商人（指我国南方商人）常至之港，由是商货宝石珍珠输入之多竟至不可思议，然后由此港转贩蛮子境内。我敢言亚历山大或他港运载胡椒一船赴诸基督教国，乃至此刺桐港者则有船百余……"依宾拔都他在其《游记》中也说："刺桐港为世界上各大港之一，由余观之，即谓世界上最大之港亦不虚也。余见港中有大船百余，小船则不可胜数矣，此乃天然之良港。"我国古书中也称泉州为"番货、远物、异宝奇玩之所渊薮，殊方别域富商巨贾之所窟宅，号为天下最"。当时麕集于泉州的外国人有摩洛哥人、意大利人、波斯人、占城人、马儿八人、三屿人（菲律宾吕宋岛西南岸三个港口）、朝鲜人等。吴自牧在其《梦粱录》中说："若欲船泛外国买卖，则自泉州便可出洋。"而当时通东西南洋各国之路程，亦以自泉州起若干更（一昼夜为一更）为标准。所以泉州在元代已经成为通商的总门户，已凌驾于广州之上。

闭关锁国下的对外贸易

从明朝开始，中国的对外贸易与前相比发生了很大的转变。大约在明中期，传统的"市舶"贸易开始结束，代之以闭关为主的对外贸易政策，此局面维持到了清代。但明清实行闭关的政策也有一个曲折的历史过程。

明初就采取了严格的海禁政策，把"通蕃下海"作为厉禁，自此切断了长期在市舶制度下与阿拉伯等国的自由贸易关系。但实际上对外贸易并未因此而全部中断，只不过形式有所改变而已。陆路上"西域贾胡"和南国诸国以贡使名义来华进行贸易互市，闽粤沿海人民则私行远贩到海外经商。从永乐初至宣德年间，郑和七下"西洋"，达30多国，此时贡船商船相互往来。

明代的海禁以洪武、建文年间最为严厉，此后忽紧忽松，不断反复。但

第六章 中国古代的对外贸易

总的看是趋向松弛的。隆庆以后，正式废除了海禁，公开允许私人从事海上贸易活动。当然对私商的限制是不少的，如要承担重税，要领取"引票"等。因此，明代对外贸易，无论是在贸易的内容、数量，还是通商地区范围上，都大大地逊于宋元两代的市舶贸易。中国商人出去的较多，外国来华的甚少，进出口商品的种类、数量也远远不及以往。

到了清代，随着"海禁"政策的更为严厉，对外贸易也实行了严格的限制。所以人们认为清代的对外关系实行的是"闭关政策"。清代实行海禁最严厉的时期是在顺治时期，规定"凡有商民船只私自下海，将粮食货物等项与逆贼（指郑成功领导的抗清军）贸易者，不论官民，俱闻处斩，货物入官；本犯家产，尽给告发之人。其该地方文武各官不行盘绯，皆革职从重治罪。地方保甲不行举首，皆处死。"（顺治十三年发布的"上谕"）其后不久，又在沿海搞无人区，强迫山东以南沿海居民一律"迁界"后撤30里到50里，界内房屋全部烧毁，居民有再进入者处死，商船和民船皆不准下海。康熙五十六年还明文告示，"禁止商船往南洋吕宋、噶喇巴等处贸易"。当然清代的海禁也有较松的时候，如康熙二十二年郑克塽投降后，清朝开放海禁，一度宣布取消有关海禁的一些规定。但总的来看，清朝的对外政策实行的主要是以海禁为主的对外贸易政策。

清朝实行海禁和闭关政策并不是偶然的，其有着深刻的社会经济原因，它是由中国社会基本经济结构和政治制度的性质所决定的，是农业与家庭手工业紧密结合的小农制经济在对外贸易上的一种反映。自给自足的自然经济并不需要对外乞求，在清统治者看来，"天朝富有四海，岂需尔小国些微货物哉"；而从外国进口的钟表之类属"奇技淫巧"，并非必需；出口的茶、瓷器、丝等也非国内经济发展的需要。自然经济是勿需开拓国外市场的。乾隆皇帝在赐英吉利国王敕书中就明白无误地表达了这一思想："天朝物产丰盈，无所不有，原不借外夷货物以通有无"。在他看来，允许通商只是一种施恩而已，与己无利，没有经济上的必要，也不是为了求利。因此，这些目光短浅者看不到对外贸易可以通过出口货物换回财富这一事实，更不懂得开拓国外市场能刺激国内生产发展、扩大外贸可以积累财富这一道理。封建统治者力图保护其统治根基的小农经济，坚持重农抑商的政策。从当时国家税收实际构成来看，主要还是依靠农业税，商业税比例很小。鸦片战争前，海关税年收入近百万两，不到财政总收入的1/40，微乎其微。从政治上来看，清王朝不仅要维护封建统治，还要维持异族统治，害怕被统治者在对外通商中会引起不满和得到外国人

郑和宝船

的支持,不利于其统治以闭关来防止中国人与外国人的接触,杜绝外来思想的输入及其影响。此外,闭关也是因清政府狂妄自大,对世界事务无知所致。这些人蒙昧无知,把中国作为世界中心,对国外发展的资本主义一无所知,误把外国对华的贸易视之朝贡或认为有所求,看不到其中的经济侵略和寻求发展资本主义国际市场的真正目的。

要指出的是,清朝实行的闭关政策并不是外露的,而是隐蔽的。闭关在外表上并不显露,更未形成法律文书。就是说,既没有拒绝外商的法律文书,也没有在形式上完全闭关停市,但它是通过多种形式贯彻这一政策原则的:

 1. 严格限制渔船和商船的规模

中国早在明中叶就有巨大的帆船,郑和下"西洋"所用的船长44丈,宽18丈。但在清康熙时规定,除福建省可用双桅船外,别省只能用单桅船。船上的水手必须在20人以下,船的梁头不得超过1丈。出洋贸易的船虽可用双桅,但水手不得超过28人,梁头不得超过1丈8尺,载重量不能超过500石。此外,还规定不得造船卖给外商,也不得从外国造船带回中国。这些规定不仅不利于对外通商,而且还使中国的造船业及其技术受到了沉重的打击。

 2. 对出口货物的品种和数量进行严格的限制

粮食、铁、硫黄、硝等物概不准出口。乾隆时甚至严格到每船出海只准带铁锅一口、斧子一把。蚕丝、绸缎出口更是属于严禁之列。茶叶出口数量不限,但武夷茶不准海运。对于违反禁令的,"一经拿获,将该商人治罪"。另外,还规定在对外交易中,只准以物易物,"不准用银"交换。总之,政府采取了各种办法来达到限制对外贸易量的目的。

 3. 通过洋行制度垄断中外贸易

清朝管理对外贸易是沿用明朝的官牙行制,而没有采用唐宋元时的市舶(司)制,一般称之为"洋行",意思是外洋商行。其中以广东十三行最盛。

第六章 中国古代的对外贸易

洋行实际上是一种半官方组织，具有很大的权力，中外一切贸易必须假手洋行才行。外商不得与中国的商人自由接触，也不得直接与清朝官员会面，一切均须通过洋行交涉。因此，洋行兼有商务和外交两种工作性质。"凡夷人具禀事件，应一律由洋商代为据情转禀，不必自具禀词"。外商进入中国必须依赖洋行，任其摆布。行商则利用权力和方便对外商巧取暗夺或公开索取。不过，洋行虽可通过垄断对外贸易获得大量的财富，但也要受到官府的盘剥，且手段多种多样，包括名目繁多的定期贡品、贡银以及各种临时性的进献，加在洋行身上的这种额外负担也是他们加紧压榨外商的原因之一。

图片授权

全景网

壹图网

中华图片库

林静文化摄影部

敬 启

　　本书图片的编选，参阅了一些网站和公共图库。由于联系上的困难，我们与部分入选图片的作者未能取得联系，谨致深深的歉意。敬请图片原作者见到本书后，及时与我们联系，以便我们按国家有关规定支付稿酬并赠送样书。

　　联系邮箱：932389463@qq.com

参考书目

1. 徐明德. 中国古代名人与经济文化研究［M］. 杭州：浙江大学出版社，2012.
2. 齐涛. 中国古代经济史［M］. 济南：山东大学出版社，2011.
3. 张宏华. 社稷民生：中国古代的经济［M］. 北京：希望出版社，2012.
4. 高树林. 古代社会经济史探［M］. 石家庄：河北大学出版社，2011.
5. 尚珩. 中国古代流通经济法制史论［M］. 北京：知识产权出版社，2011.
6. 黄纯艳. 中国古代社会经济史十八讲［M］. 兰州：甘肃人民出版社，2010.
7. 杨尚懂. 中国古代社会经济制度及其文化内涵［M］. 广州：花城出版社，2010.
8. 石世奇，郑学益. 中国古代经济思想史教程［M］. 北京：北京大学出版社，2008.
9. 唐凯麟，陈科华. 中国古代经济伦理思想史［M］. 北京：人民出版社，2004.
10. 陶一桃. 中国古代经济思想评述［M］. 北京：中国经济出版社，2000.
11. 吴慧. 中国古代商业［M］. 北京：商务印书馆，1998.
12. 中华书局编辑部. 古代经济专题史话［M］. 北京：中华书局，1997

中国传统民俗文化丛书

一、古代人物系列（9本）
1. 中国古代乞丐
2. 中国古代道士
3. 中国古代名帝
4. 中国古代名将
5. 中国古代名相
6. 中国古代文人
7. 中国古代高僧
8. 中国古代太监
9. 中国古代侠士

二、古代民俗系列（8本）
1. 中国古代民俗
2. 中国古代玩具
3. 中国古代服饰
4. 中国古代丧葬
5. 中国古代节日
6. 中国古代面具
7. 中国古代祭祀
8. 中国古代剪纸

三、古代收藏系列（16本）
1. 中国古代金银器
2. 中国古代漆器
3. 中国古代藏书
4. 中国古代石雕
5. 中国古代雕刻
6. 中国古代书法
7. 中国古代木雕
8. 中国古代玉器
9. 中国古代青铜器
10. 中国古代瓷器
11. 中国古代钱币
12. 中国古代酒具
13. 中国古代家具
14. 中国古代陶器
15. 中国古代年画
16. 中国古代砖雕

四、古代建筑系列（12本）
1. 中国古代建筑
2. 中国古代城墙
3. 中国古代陵墓
4. 中国古代砖瓦
5. 中国古代桥梁
6. 中国古塔
7. 中国古镇
8. 中国古代楼阁
9. 中国古都
10. 中国古代长城
11. 中国古代宫殿
12. 中国古代寺庙

五、古代科学技术系列（14本）
1. 中国古代科技
2. 中国古代农业
3. 中国古代水利
4. 中国古代医学
5. 中国古代版画
6. 中国古代养殖
7. 中国古代船舶
8. 中国古代兵器
9. 中国古代纺织与印染
10. 中国古代农具
11. 中国古代园艺
12. 中国古代天文历法
13. 中国古代印刷
14. 中国古代地理

六、古代政治经济制度系列（13本）
1. 中国古代经济
2. 中国古代科举
3. 中国古代邮驿
4. 中国古代赋税
5. 中国古代关隘
6. 中国古代交通
7. 中国古代商号
8. 中国古代官制
9. 中国古代航海
10. 中国古代贸易
11. 中国古代军队
12. 中国古代法律
13. 中国古代战争

七、古代文化系列（17本）
1. 中国古代婚姻
2. 中国古代武术
3. 中国古代城市
4. 中国古代教育
5. 中国古代家训
6. 中国古代书院
7. 中国古代典籍
8. 中国古代石窟
9. 中国古代战场
10. 中国古代礼仪
11. 中国古村落
12. 中国古代体育
13. 中国古代姓氏
14. 中国古代文房四宝
15. 中国古代饮食
16. 中国古代娱乐
17. 中国古代兵书

八、古代艺术系列（11本）
1. 中国古代艺术
2. 中国古代戏曲
3. 中国古代绘画
4. 中国古代音乐
5. 中国古代文学
6. 中国古代乐器
7. 中国古代刺绣
8. 中国古代碑刻
9. 中国古代舞蹈
10. 中国古代篆刻
11. 中国古代杂技